L'ESTOVRDY

OV LES

CONTRE-TEMPS,

COMEDIE.

REPRESENTE'E SVR LE
Theatre du Palais Royal.

Par I. B. P. MOLIERE,

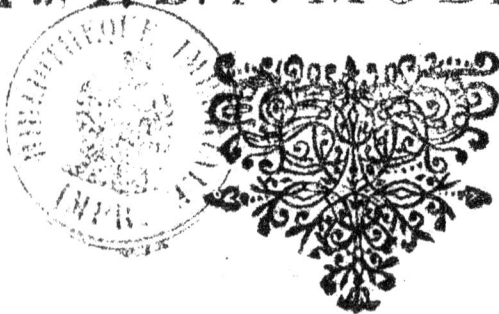

A PARIS,
Chez GABRIEL QVINET, au
Palais, dans la Galerie des Prisonniers,
à l'Ange Gabriel.

M. DC. LXIII.
AVEC PRIVILEGE DV ROY.

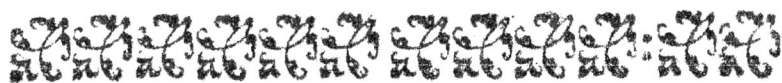

A MESSIRE
MESSIRE
ARMAND IEAN
DE RIANTS,
CHEVALIER, BARON
de Riuerey, Seigneur de la Gal-
lesierre, Oudangeau, & autres
Lieux, Conseiller du Roy en
tous ses Conseils, & Procureur
de sa Majesté au Chastelet, Pre-
uosté & Vicomté de Paris.

MONSIEVR,

Apres auoir long-temps cher-
ché quelque chose qui fut digne

ã iij

EPISTRE.

de vous estre offert, pour ne pas
laisser eschaper aucune occasion
de vous témoigner mes respects,
& qui pût en mesme temps
faire connoistre à tout le monde que i'ay essayé de rendre à
vostre merite quelques mar-
ques particulieres de mon zele ; i'ay crû que vous ne des-
auoüriez pas l'Estourdy ou
les Contre-temps, quand
vous sçaurez que c'est vn
Estourdy tout couuert de gloire, de s'estre fait admirer par
la plus galante Cour du Monde, & qui a receu des auan-
tages, que de plus prudens

EPISTRE.

que luy se tiendroit glorieux d'auoir pû meriter ; toutes ces choses là font voir qu'il y a de la difference entre luy, & ceux qui portent son nom ; Neantmoins ie crains qu'il ne perde aujourd'huy la haute reputation qu'il s'est acquise, quand on sçaura qu'il vient à Contre-temps se presenter à vous, & vous diuertir des grandes & serieuses Occupations que vous donne l'illustre Charge que vous possedez, & qui demande que vous ayez soin de la plus celebre Ville de la Terre : Vous le faites , *MONSIEVR*, auec tant d'aplaudissement , & vous vous aquitez de cette Charge auec tant de gloire, que le Prince , & les peuples en sont également satisfaits ; aussi chacun sçait-il que vous marchez sur les traces de vos Illustres Ayeuls , dont la Memoire ne perira iamais. Ouy, *MONSIEVR*, l'on se souuiendra tousiours de ce Denis de Riants, dont vous sortez , qui s'aquita si dignement pour luy , & pour tout le Monde , de la Charge d'Auocat General , & de Pre-

EPISTRE.

...sident au Mortier, qu'il possedoit dans le premier Parlement de France, & qui obligea cette Auguste Compagnie, de faire voir combien elle l'avoit tousiours estimé, lors qu'estant priée par ses Parens de se trouuer aux honneurs funebres que l'on luy deuoit rendre ; elle répondit, par l'organe de son premier President, Qu'elle estoit bien marie du trépas d'vn Personnage de si grand sçauoir, & de si grande vertu, & qu'elle luy rendroit tout l'honneur qu'elle luy deuoit.

EPISTRE.

Apres cela, MONSIEVR,
l'on peut iuger de la venera-
tion que l'on a en France pour
voſtre Nom , & s'y ſoûte-
nant , comme vous faite l'é-
clat & la gloire de vos An-
ceſtres , ie ne doit pas crain-
dre de paſſer pour temeraire,
en voulant faire voſtre Pa-
negirique. L'on ſçait aſſez
que leurs grandes actions &
les voſtres , me fourniroient
trop de matiere , s'il m'eſtoit
permis de l'entreprendre ; mais
les voulant laiſſer à d'autres
plus capables de les décrires,
Ie ſeray ſatisfait , ſi ie puis

EPISTRE.

vous persuader que ie suis, plus
que personne du monde,

MONSIEVR,

Vostre tres-humble & tres-
obeïssant seruiteur,
BARBIN.

ACTEVRS.

LELIE, fils de Pandolfe.

CELIE, esclaue de Trufaldin.

MASCARILLE, valet de Lelie.

HYPOLITE, fille d'Anselme.

ANSELME, vieillard.

TLVFALDIN, vieillard.

PANDOLFE, vieillard.

LEANDRES fils de famille.

ANDRES, crû Egyptien.

ERGASTE, valet.

VN COVRRIER.

Deux Trouppes de Masques.

La Scene est à Messine.

L'ESTOVRDY

OV

LES CONTRETEMPS,

COMEDIE.

ACTE I.

SCENE PREMIERE.

LELIE.

E bien ! Leandre, hé bien ! il faudra con-
    tefter;
Nous verrons de nous deux qui pourra
    l'emporter ;
Qui dans nos foins communs pour ce ieune miracle,
Aux vœux de fon Riual portera plus d'obftacle.
Preparez vos efforts, & vous defendez bien ,
Eux que de mon cofté ie n'efpargneray rien.

A

SCENE II.

LELIE, MASCARILLE.

LELIE.

AH ! Mascarille.
MASCARILLE.
Quoy ?
LELIE.
Voicy bien des affaires;
I'ay dans ma passion toutes choses contraires:
Leandre ayme Celie, &, par vn trait fatal,
Malgré mon changement, est toûjours mon riual.
MASCARILLE.
Leandre ayme Celie !
LELIE.
Il l'adore, te dis-ie.
MASCARILLE.
Tant pis.
LELIE.
Hé ! ouy, tant pis, c'est là ce qui m'afflige.
Toutefois i'aurois tort de me desesperer,
Puisque i'ay ton secours ie puis me r'asseurer;
Ie sçay que ton esprit en intrigues fertile,
N'a iamais rien trouué qui luy fust difficile,
Qu'on te peut appeller le Roy des seruiteurs,
Et qu'en toute la terre......
MASCARILLE.
Hé, tréue de douceurs

Quand nous faifons befoin nous autres miferables,
Nous fommes les cheris & les incomparables,
Et dans vn autre temps, dés le moindre courroux,
Nous fômes les coquins qu'il faut roüer de coups.

LELIE.

Ma foy, tu me fais tort auec cette inuectiue;
Mais enfin difcourons vn peu de ma captiue,
Dy fi les plus cruels & plus durs fentimens
Ont rien d'impenetrable à des traits fi charmans :
Pour moy, dans fes difcours, comme dans fon vifage,
Ie voy pour fa naiffance vn noble témoignage,
Et ie croy que le Ciel dedans vn rang fi bas,
Cache fon Origine, & ne l'en tire pas.

MASCARILLE.

Vous eftes romanefque auecque vos chimeres;
Mais que fera Pandolfe en toutes ces affaires,
C'eft, Monfieur, voftre pere, au moins à ce qu'il dit,
Vous fçauez que fa bile affez fouuent s'aigrit,
Qu'il pefte contre vous d'vne belle maniere,
Quand vos deportemens luy bleffent la vifiere;
Il eft auec Anfelme en parole pour vous,
Que de fon Hipolite on vous fera l'efpoux,
S'imaginant que c'eft dans le feul mariage,
Qu'il pourra rencontrer dequoy vous faire fage.
Et s'il vient à fçauoir que rebutant fon choix
D'vn objet inconnu vous receuez les loix,
Que de ce fol amour la fatale puiffance
Vous fouftrait au deuoir de voftre obeïffance,
Dieu fçait quelle tempefte alors éclatera,
Et de quels beaux fermons on vous régalera.

LELIE.

Ah! trefue, ie vous prie, à voftre Rethorique.

MASCARILLE.

Mais vous, tréue plûtoft à voftre Politique,

Elle n'eſt pas fort bonne, & vous deuriez tâcher....

LELIE.

Sçais-tu qu'on n'acquiert rien de bon à me fâcher?
Que chez moy les aduis ont de triſtes ſalaires?
Qu'vn valet conſeiller y fait mal ſes affaires?

MASCARILLE.

Il ſe met en courroux! tout ce que i'en ay dit
N'eſtoit rien que pour rire, & vous ſonder l'eſprit?
D'vn cenſeur de plaiſirs ay-ie fort l'encolure?
Et Maſcarille eſt-il ennemy de nature?
Vous ſçauez le contraire, & qu'il eſt tres-certain,
Qu'on ne peut me taxer que d'eſtre trop humain.
Moquez-vous des ſermôs d'vn vieux barbon de pere;
Pouſſez voſtre bidet, vous dis-ie, & laiſſez faire;
Ma foy i'en ſuis d'auis, que ces penards chagrins,
Nous viennent étourdir de leurs contes badins,
Et vertueux par force, eſperent par enuie,
Oſter aux ieunes gens les plaiſirs de la vie.
Vous ſçauez mon talent, ie m'offre à vous ſeruir.

LELIE.

Ah! c'eſt par ces diſcours que tu peux me rauir.
Au reſte, mon amour, quand ie l'ay fait pareſtre,
N'a point eſté mal veu des yeux qui l'ont fait naître;
Mais Leandre à l'inſtant vient de me déclarer
qu'à me rauir Celie il ſe va preparer.
C'eſt pourquoy dépeſchons, & cherche dãs ta teſte
Les moyens les plus prôpts d'en faire ma conqueſte.
Treüue ruſes, deſtours, fourbes, inuentions,
Pour fruſtrer vn riual de ſes pretentions.

MASCARILLE.

Laiſſez-moy quelque temps réuer à cette affaire.
Que pourrois-ie inuenter pour ce coup neceſſaire?

LELIE.

Hé bien? le ſtratageſme?

COMEDIE.

MASCARILLE.
Ah ! comme vous courez !
Ma ceruelle touſiours marche à pas meſurez.
I'ay treuué voſtre fait , il faut..... non, ie m'abuſe;
Mais,ſi vous alliez......

LELIE.
Ou ?

MASCARILLE.
C'eſt vne foible ruſe.
I'en ſongeois vne.

LELIE.
Et quelle ?

MASCARILLE.
Elle n'iroit pas bien.
Mais ne pourriez-vous pas?.....

LELIE.
Quoy ?

MASCARILLE.
Vous ne pourriez rien.
Parlez auec Anſelme.

LELIE.
Et que luy puis-ie dire?

MASCARILLE.
Il eſt vray , c'eſt tomber d'vn mal dedans vn pire.
Il faut pourtant l'auoir. Allez chez Trufaldin.

LELIE.
Que faire ?

MASCARILLE.
Ie ne ſçay.

LELIE.
C'en eſt trop à la fin ;
Et tu me mets à bout par ces contes friuoles.

MASCARILLE.
Monſieur, ſi vous auiez en main force piſtoles ,
A iij

Nous n'aurions pas besoin maintenant de réuer,
A chercher les biays que nous deuons trouuer;
Et pourrions, par vn prompt achat de cette esclaue,
Empêcher qu'vn riual vous preuienne & vous braue,
De ces Egyptiens qui la mirent icy,
Trufaldin qui la garde est en quelque soucy,
Et trouuant son argent qu'ils luy fôt trop attendre,
Ie sçay bien qu'il seroit tres-rauy de la vendre:
Car enfin en vray ladre il a toûjours vescu,
Il se feroit fesser, pour moins d'vn quart d'escu;
Et l'argent est le Dieu que sur tout il reuere:
Mais le mal c'est.......

LELIE.

Quoy? c'est?

MASCARILLE.

Que Monsieur vostre pere
Est vn autre vilain qui ne vous laisse pas,
Comme vous voudriez bien, manier ses ducats:
Qu'il n'est point de ressort qui pour vôtre ressource,
Peut faire maintenant ouurir la moindre bourse:
Mais tâchons de parler à Celie vn moment,
Pour sçauoir là dessus quel est son sentiment.
La fenestre est icy.

LELIE.

Mais Trufaldin pour elle,
Fait de nuict & de iour exacte sentinelle;
Prends garde.

MASCARILLE.

Dans ce coin demeurons en repos
O! bon-heur! la voila qui paroist à propos.

SCENE III.

LELIE, CELIE, MASCARILLE.

LELIE.

AH! que le Ciel m'oblige, en offrant à ma veüe
Les celestes attraits dont vous estes 'pourueüe !
Et, quelque mal cuisant que m'ayent causé vos yeux,
Que ie prens de plaisir à les voir en ces lieux!

CELIE.

Mon cœur qu'auec raison vostre discours estonne,
N'entend pas que mes yeux fassent mal à personne;
Et, si dans quelque chose ils vous ont outragé,
Ie puis vous asseurer que c'est sans mon congé.

LELIE.

Ah! leurs coups sont trop beaux pour me faire vne
   iniure,
Ie mets toute ma gloire à cherir ma blessure,
Et.....

MASCARILLE.

Vous le prenez là d'vn ton vn peu trop haut ;
Ce style maintenant n'est pas ce qu'il nous faut;
Profitons mieux du temps, & sçachons viste d'elle
Ce que.....

TRVFALDIN *dans la maison.*
   Celie.

MASCARILLE.
   Hé bien?

LELIE.

O ! rencontre cruelle,
Ce mal-heureux vieillard deuoit-il nous troubler!

MASCARILLE.

Allez, retirez-vous ; ie ſçauray luy parler.

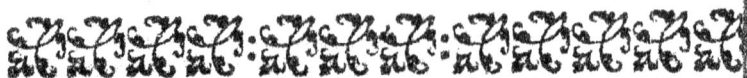

SCENE IV.

TRVFALDIN, CELIE, MASCARILLE,
& LELIE retiré dans vn coin.

TRVFALDIN.

QVe faites-vous dehors ? & quel ſoin vous
    talonne,
Vous à qui ie deffend de parler à perſonne.

à Celie.

Autrefois i'ay connu cét honneſte garçon ;
Et vous n'auez pas lieu d'en prédre aucun ſoupçon.

MASCARILLE.

Eſt-ce là le Seigneur Trufaldin ?

CELIE.

Ouy, luy-meſme.

MASCARILLE.

Monſieur, ie ſuis tout voſtre, & ma ioye eſt exrréme,
De pouuoir ſalüer en toute humilité,
Vn homme dont le nom eſt par tout ſi vanté.

TRVFALDIN.

Tres-humble ſeruiteur

MASCARILLE.

L'incommode peut-eſtre;
Mais ie l'ay veuë ailleurs, ou m'ayant fait cōnoiſtre,
Les grans talens qu'elle a pour ſçauoir l'auenir,
Ie voulois ſur vn poinct vn peu l'entretenir.

TRVFALDIN.

Quoy! te mélerois-tu d'vn peu de diablerie?

CELIE.

Non, tout ce que ſçay n'eſt que blanche magie.

MASCARILLE.

Voicy donc ce que c'eſt. Le Maiſtre que ie ſers,
Languit pour vn objet qui le tient dans ſes fers ;
Il auroit bien voulu du feu qui le deuore
Pouuoir entretenir la beauté qu'il adore :
Mais vn dragon veillant ſur ce rare threſor
N'a pû, quoy qu'il ait fait, le luy permettre encor,
Et, ce qui plus le geſne & le rend miſerable,
Il vient de découurir vn riual redoutable;
Si bien que, pour ſçauoir ſi ſes ſoins amoureux,
Ont ſujet d'eſperer quelque ſuccez heureux,
Ie viens vous conſulter, ſeur que de voſtre bouche,
Ie puis aprendre au vray le ſecret qui nous touche.

CELIE.

Sous quel Aſtre ton Maiſtre a-t-il receu le iour.

MASCARILLE.

Sous vn Aſtre à iamais ne changer ſon amour.

CELIE.

Sans me nommer l'objet pour qui ſon cœur ſoûpire,
La ſçience que i'ay m'en peut aſſez inſtruire;
Cette fille a du cœur, & dans l'aduerſité,
Elle ſçait conſeruer vne noble fierté,
Elle n'eſt pas d'humeur à trop faire connoiſtre,
Les ſecrets ſentimens qu'en ſon cœur on fait naîtreſ

Mais ie les ſçay cõme elle,& d'vn eſprit plus doux
Ie vais en peu de mots vous les découurir tous.

MASCARILLE.

O ! merueilleux pouuoir de la vertu magique!

CELIE.

Si ton Maiſtre en ce poinᶜt de conſtance ſe pique
Et que la vertu ſeule anime ſon deſſein,
Qu'il n'aprehende pas de ſoûpirer en vain ;
Il a lieu d'eſperer , & le fort qu'il veut prendre
N'eſt pas ſourd aux traitez,& voudra bien ſe rẽdre.

MASCARILLE.

C'eſt beaucoup;mais ce fort dépẽd d'vn gouuerneu
Difficile à gagner.

CELIE.

C'eſt là tout le mal-heur

MASCARILLE.

Au diable le fâcheux qui toûjours nous éclaire.

CELIE.

Ie vais vous enſeigner ce que vous deuez faire.

LELIE *les ioignant:*

Ceſſez , ô ! Trufaldin, de vous inquieter,
C'eſt par mon ordre ſeul qu'il vous vient viſiter ;
Et ie vous l'enuoyois ce ſeruiteur fidelle,
Vous offrir mon ſeruice, & vous parler pour elle,
Dont ie vous veux dans peu payer la liberté ,
Pourueu qu'entre nous deux le prix ſoit arreſté.

MASCARILLE.

La peſte ſoit la beſte.

TRVFALDIN.

Ho! Ho! qui des deux croire
Ce diſcours au premier eſt fort contradiᶜtoire.

MASCARILLE.

Monſieur , ce galant-homme a le cerueau bleſſé ;
Ne le ſçauez-vous pas ?

TRVFALDIN.

Ie ſçay ce que ie ſçay;
ay crainte icy deſſous de quelque manigance:
entrez, & ne prenez iamais cette licence:
t vous filoux fieffez, ou ie me trompe fort,
ettez pour me ioüer vos flutes mieux d'accord.

MASCA·RILLE.

'eſt bien fait; ie voudrois qu'encor ſans flatterie,
nous euſt d'vn baſton chargez de compagnie;
quoy bon ſe montrer? & comme vn Eſtourdy,
e venir dementir de tout ce que ie dy.

LELIE.

e penſois faire bien.

MASCARILLE.

Ouy, c'eſtoit fort l'entendre;
ais quoy, cette action ne me doit point ſurprédre,
ous eſtes ſi fertile en pareils Contretemps,
ue vos eſcarts d'eſprit n'étonnent plus les gens.

LELIE.

h! mon Dieu, pour vn rien me voila bien coupable,
e mal eſt-il ſi grand qu'il ſoit irreparable?
afin, ſi tu ne mets Celie entre mes mains,
onge au moins de Leandre à rompre les deſſeins;
u'il ne puiſſe acheter auant moy cette belle,
e peur que ma preſence encor ſoit criminelle,
e te laiſſe.

MASCARILLE.

Fort bien. A dire vray, l'argent,
eroit dans noſtre affaire vn ſeur & fort agent;
Mais ce reſſort manquant, il faut vſer d'vn autre.

SCENE V.

ANSELME , MASCARILLE,

ANSELME.

PAr mon chef, c'eſt vn ſiecle étrange que le nôtre
I'en ſuis cõfus; iamais tãt d'amour pour le bien,
Et iamais tant de peine à retirer le ſien.
Les debtes aujourd'huy , quelque ſoin qu'on em-
    ploye ,
Sont comme les enfans que l'on conçoit en ioye,
Et dont auecque peine on fait l'acouchement ;
L'argent dans vne bource entre agreablement :
Mais le terme venu que nous deuons le rendre,
C'eſt lors que les douleurs commencent à nous
    prendre ;
Baſte ce n'eſt pas peu que deux mille francs deus,
Depuis deux ans entiers me ſoient enfin rendus ;
Encore eſt-ce vn bon-heur.

MASCARILLE.

           O ! Dieu , la belle proye
A tirer en volant ! chut : il faut que ie voye,
Si ie poutrois vn peu de pres le carreſſer.
Ie ſçay bien les diſcours dont il le faut bercer.
Ie viens de voir, Anſelme......

ANSELME.

          Et qui ?

MASCARILLE.

                Voſtre Nerine.

ANSELME.

COMEDIE.

ANSELME.

Que dit-elle de moy cette gente assassine?

MASCARILLE.

Pour vous elle est de flâme.

ANSELME.

Elle?

MASCARILLE.

Et vous ayme tant,

Que c'est grande pitié.

ANSELME.

Que tu me rends contant!

MASCARILLE.

Peu s'en faut que d'amour la pauurette ne meure ;
Anselme, mon mignon, crie-t'elle, à toute heure,
Quand est-ce que l'hymen vnira nos deux cœurs ?
Et que tu daigneras esteindre mes ardeurs ?

ANSELME.

Mais pourquoy iusqu'icy me les auoir celées?
Les filles, par ma foy, sont bien dissimulées !
Mascarille, en effet, qu'en dis-tu? quoy que vieux,
I'ay de la mine encore assez pour plaire aux yeux.

MASCARILLE.

Ouy, vrayment, ce visage est encor fort mettable ;
S'il n'est pas des plus beaux, il est desagreable.

ANSELME.

Si bien donc......

MASCARILLE.

Si bien donc qu'elle est sotte de vous ;
Ne vous regarde plus......

ANSELME.

Quoy ?

MASCARILLE.

Que comme vn espoux :

Et vous veut.......

B

ANSELME.

Et me veut.....

MASCARILLE.

Et vous veut, quoy qu'il tienne,
Prendre la bource.

ANSELME.

La ?

MASCARILLE.

La bouche auec la sienne.

ANSELME.

Ah! ie t'entends. Viença, lors que tu la verras,
Vante luy mon merite autant que tu pourras.

MASCARILLE.

Laissez-moy faire.

ANSELME.

A Dieu.

MASCARILLE.

Que le Ciel te conduise.

ANSELME.

Ah! vrayment ie faisois vne estrange sottise,
Et tu pouuois pour toy m'accuser de froideur :
Ie t'engage à seruir mon amoureuse ardeur,
Ie reçois par ta bouche vne bonne nouuelle,
Sans du moindre present recompenser ton zele ;
Tien, tu te souuiendras......

MASCARILLE.

Ah! non pas, s'il vous plaist.

ANSELME.

Laisse moy.

MASCARILLE.

Point du tout, i'agis sans interest.

ANSELME.

Ie le sçay ; mais pourtant..... ...

MASCARILLE.

Non Anſelme, vous dis-ie ;
Ie ſuis homme d'honneur , cela me deſoblige.

ANSELME.

Adieu donc , Maſcarille.

MASCARILLE.

O ! long diſcours !

ANSELME.

Ie veux
Regaler par tes mains cét objet de mes vœux ;
Et ie vais te donner dequoy faire pour elle
L'achapt de quelque bague , ou telle bagatelle
Que tu trouüeras bon.

MASCARILLE

Non , laiſſez voſtre argent ,
Sans vous mettre en ſoucy , ie ſeray le preſent ;
Et l'on m'a mis en main vne bague à la mode,
Qu'apres vous payerez ſi cela l'accommode.

ANSELME.

Soit , donne la pour moy ; mais ſur tout fay ſi bien,
Qu'elle garde toûjours l'ardeur de me voir ſien.

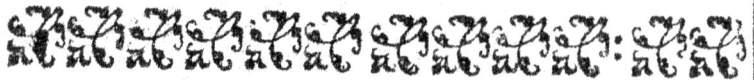

SCENE VI.

LELIE , ANSELME , MASCARILLE.

LELIE.

A Qui la bource ?
ANSELME
Ah! Dieux , elle m'eſtoit tombée ,
Et i'aurois apres crû qu'on me l'euſt dérobée ;
Ie vous ſuis bien tenu de ce ſoin obligeant ,
Qui m'épargne vn grand trouble , & me rend mon
    argent :
Ie vay m'en décharger au logis tout à l'heure.
MASCARILLE.
C'eſt eſtre officieux , & tres-fort , ou ie meure.
LELIE.
Ma foy , ſans moy , l'argent eſtoit perdu pour luy.
MASCARILLE.
Certes , vous faites rage , & payez aujourd'huy
D'vn iugement tres-rare , & d'vn bonheur extréme.
Nous auancerons fort , continuez de meſme.
LELIE.
Qu'eſt-ce donc ? qu'ay-ie fait ?
MASCARILLE.
                        Le ſot , en bon françois ,
Puis que ie puis le dire , & qu'enfin ie le dois.
Il ſçait bien l'impuiſſance ou ſon pere le laiſſe ,
Qu'vn riual qu'il doit craindre étrangement nous
    preſſe ,

Cependant quand ie tente vn coup pour l'obliger,
Dont ie cours tout feul la honte & le danger......

LELIE.

Quoy! c'eftoit!....

MASCARILLE.

Ouy, bourreau, c'eftoit pour la captiue,
Que i'attrapois l'argent dôt voftre foin nous priue.

LELIE.

S'il eft ainfi i'ay tort ; mais qui l'euft deuiné.

MASCARILLE.

Il falloit, en effet, eftre bien rafiné.

LELIE.

Tu me deuois par figne aduertir de l'affaire.

MASCARILLE.

Ouy, ie deuois au dos auoir mon luminaire ;
Au nom de Iupiter, laiffez nous en repos,
Et ne nous chantez plus d'impertinans propos :
Vn autre apres cela quitteroit tout peut-eftre ;
Mais i'auois medité tantoft vn coup de maiftre,
Dont tout prefentement ie veux voir les effets,
A la charge que fi......

LELIE.

Non, ie te le promets,
De ne me mefler plus de rien dire, ou rien faire.

MASCARILLE.

Allez donc, voftre veuë excite ma colere.

LELIE.

Mais fur tout hafte toy, depeur qu'en ce deffein....

MASCARILLE.

Allez, encor vn coup, i'y vay mettre la main.
Menons bien ce projet, la fourbe fera fine,
S'il faut qu'elle fuccede ainfi que i'imagine.
Allons voir... bon, voicy mon homme iuftement.

✦✦✦✦✦✦✦✦✦ : ✦✦✦✦✦✦✦

SCENE VII.

PANDOLFE, MASCARILLE.

PANDOLFE.

MAscarille,

MASCARILLE.

Monſieur;

PANDOLFE.

A parler franchement,
Ie ſuis mal ſatisfait de mon fils.

MASCARILLE.

De mon maiſtre?
Vous n'eſtes pas le ſeul qui ſe plaigne de l'eſtre:
Sa mauuaiſe conduite inſuportable en tout,
Met à chaque moment ma patience à bout.

PANDOLFE.

Ie vous croirois pourtant aſſez d'intelligence
Enſemble.

MASCARILLE.

Moy? Monſieur, perdez cette croyance;
Touſiours de ſon deuoir ie taſche à l'aduertir:
Et l'on nous voit ſans ceſſe auoir maille à partir.
A l'heure meſme encor nous auons eu querelle,
Sur l'hymen d'Hypolite, où ie le voy rebelle;
Où par l'indignité d'vn refus criminel,
Ie le vois offencer le reſpect paternel.

PANDOLFE.

Querelle !

MASCARILLE.
Ouy, querelle, & bien auant pouſſée.

PANDOLFE.
Ie me trompois donc bien : car i'auois la penſée,
Qu'à tout ce qu'il faiſoit tu donnois de l'appuy.

MASCARILLE.
Moy ! voyez ce que c'eſt que du môde aujourd'huy,
Et comme l'innocence eſt toûjours opprimée.
Si mon integrité vous eſtoit confirmée ;
Ie ſuis auprés de luy gagé pour ſeruiteur,
Vous me voudriez encor payer pour Precepteur :
Ouy, vous ne pourriez pas luy dire dauantage,
Que ce que ie luy dis, pour le faire eſtre ſage.
Monſieur, au nom de Dieu, luy fay-ie aſſez ſouuent,
Ceſſez de vous laiſſer conduire au premier vent,
Reglez-vous. Regardez l'honneſte homme de pere
Que vous auez du Ciel, comme on le conſidere ;
Ceſſez de luy vouloir donner la mort au cœur,
Et, comme luy, viuez en perſonne d'honneur.

PANDOLFE,
C'eſt parler comme il faut. Et que peut-il répondre ?

MASCARILLE.
Répondre ? des chanſons, dont il me vient confondre.
Ce n'eſt pas qu'en effet, dans le fond de ſon cœur,
Il ne tienne de vous des ſemences d'honneur ;
Mais ſa raiſon n'eſt pas maintenant la maiſtreſſe :
Si ie pouuois parler auecque hardieſſe,
Vous le verriez dans peu ſoûmis ſans nul effort.

PANDOLFE.
Parle.

MASCARILLE.
C'eſt vn ſecret qui m'importeroit fort

B iiij

S'il estoit decouuert : mais à vostre prudence
Ie puis le confier auec toute asseurance.

PANDOLFE.

Tu dis bien.

MASCARILLE.

Sçachez donc que vos vœux sont trahis,
Par l'amour qu'vne esclaue imprime à vostre fils.

PANDOLFE.

On m'en auoit parlé ; mais l'action me touche,
De voir que ie l'apprenne encore par ta bouche.

MASCARILLE.

Vous voyez si ie suis le secret confident.....

PANDOLFE.

Vrayment ie suis rauy de cela.

MASCARILLE.

Cependant
A son deuoir, sans bruit, desirez-vous le rendre?
Il faut.... i'ay toûjours peur qu'on nous vienne sur-
prendre :
Ce seroit fait de moy s'il sçauoit ce discours.
Il faut, dis-ie, pour rompre à toute chose cours,
Acheter sourdement l'esclaue idolatrée,
Et la faire passer en vne autre contrée.
Anselme a grand accez auprés de Trufaldin ;
Qu'il aille l'acheter pour vous dés ce matin :
Apres, si vous voulez en mes mains la remettre,
Ie connois des Marchands , & puis bien vous pro-
mettre,
D'en retirer l'argent qu'elle pourra couster :
Et malgré vostre fils de la faire écarter.
Car enfin si l'on veut qu'à l'hymen il se range,
A cét amour naissante il faut donner le change;
Et de plus, quand bien mesme il seroit resolu,
Qu'il auroit pris le ioug que vous auez voulu :

Cét autre objet pouuant réueiller son caprice,
Au mariage encor peut porter preiudice.

PANDOLFE.

C'eft tres-bien raisonné ; ce conseil me plaift fort ;
Ie vois Anselme, va, ie m'en vay faire effort,
Pour auoir promptement cette esclaue funeste,
Et la mettre en tes mains pour acheuer le reste.

MASCARILLE.

Bon, allons auertir mon Maiftre de cecy :
Viue la fourberie, & les fourbes auffi.

SCENE VIII.

HYPOLITE, MASCARILLE.

HYPOLITE.

OVy, traiftre, c'eft ainfi que tu me rens feruice;
Ie viens de toutentendre, & voir ton artifice ;
A moins que de cela l'euffe-ie foupçonné !
Tu couches d'impofture, & tu m'en as donné !
Tu m'auois promis lâche,& i'auois lieu d'attendre,
Qu'on te verroit feruir mes ardeurs pour Leandre ;
Que du choix de Lelie, où l'on veut m'obliger,
Ton adreffe & tes foins fçauroient me dégager ;
Que tu m'affranchirois du projet de mon pere ;
Et cependant icy tu fais tout le contraire:
Mais tu t'abuferas, ie fçais vn feur moyen,
Pour rompre cét achapt ou tu pouffes fi bien ;
Et ie vais de ce pas......

MASCARILLE.

Ah ! que vous estes prompte
La mouche tout d'vn coup à la teste vous monte;
Et, sans considerer s'il a raison , ou non ,
Vostre esprit contre moy fait le petit démon.
I'ay tort, & ie deurois sans finir mon ouurage,
Vous faire dire vray , puis qu'ainsi l'on m'outrage

HYPOLITE.

Par quelle illusion penses-tu m'éblouïr ?
Traistre , peux-tu nier ce que ie viens d'ouïr.

MASCARILLE.

Non ; mais il faut sçauoir que tout cét artifice
Ne va directement qu'à vous rendre seruice :
Que ce conseil adroit qui semble estre sans fard ,
Iette dans le panneau l'vn & l'autre vieillard :
Que mon soin par leurs mains ne veut auoir Celie
Qu'à dessein de la mettre au pouuoir de Lelie :
Et faire que l'effet de cette inuention
Dans le dernier excez portant sa passion.
Anselme rebuté de son pretendu gendre ,
Puisse tourner son choix du costé de Leandre.

HYPOLITE.

Quoy ! tout ce grand projet qui m'a mise en cour-
　roux,
Tu l'as formé pour moy , Mascarille !
MASCARILLE.
Ouy, pour vou

ais puis qu'on reconnoiſt ſi mal mes bons offices,
u'il me faut de la ſorte eſſuyer vos caprices,
t que, pour recompenſe, on s'en vient de hauteur
e traiter de faquin, de lâche, d'impoſteur,
m'en vais reparer l'erreur que i'ay commiſe,
t dés ce meſme pas rompre mon entrepriſe.

HYPOLITE *l'arreſtant.*

é! ne me traite pas ſi rigoureuſement,
t pardône aux tranſports d'vn premier mouuemét.

MASCARILLE.

on, non, laiſſez-moy faire, il eſt en ma puiſſance,
De détourner le coup qui ſi fort vous offence.
ous ne vous plaindrez point de mes ſoins deſor-
    mais:
Ouy, vous aurez mon maiſtre, & ie vous le promets.

HYPOLITE.

Hé! mon pauure garçon, que ta colere ceſſe;
ay mal iugé de toy, i'ay tort, ie le confeſſe:
rant ſa bource.
Mais ie veux reparer ma faute auec cecy.
ourrois-tu te reſoudre à me quitter ainſi?

MASCARILLE.

on, ie ne le ſçaurois, quelque effort que ie faſſe:
Mais voſtre promptitude eſt de mauuaiſe grace.
prenez, qu'il n'eſt rien qui bleſſe vn noble cœur,
omme quand il peut voir qu'on le touche en l'hon-
    neur.

HYPOLITE,

Il est vray ie t'ay dit de trop grosses injures :
Mais que ces deux Loüis guerissent tes blessures.

MASCARILLE.

Hé ! tout cela n'est rien ; ie suis tendre à ces coups
Mais desia ie commence à perdre mon courroux,
Il faut de ses amis endurer quelque chose.

HYPOLITE.

Pourras-tu mettre à fin ce que ie me propose ?
Et crois-tu que l'effet de tes desseins hardis ?
Produise à mon amour le succez que tu dis.

MASCARILLE.

N'ayez point pour ce faict l'esprit sur des espines
I'ay des ressorts tout prests pour diuerses machines
Et quand ce stratagesme à nos vœux manqueroit,
Ce qu'il ne feroit pas, vn autre le feroit.

HYPOLITE.

Croy qu'Hypolite au moins ne sera pas ingrate.

MASCARILLE.

L'esperance du gain n'est pas ce qui me flatte.

HYPOLITE.

Ton maistre te fait signe, & veut parler à toy ;
Ie te quitte : mais songe à bien agir pour moy.

SCEN

SCENE IX.

MASCARILLE, LELIE.

LELIE.

QVe diable fais-tu là ? tu me promets merueille;
Mais ta lenteur d'agir est pour moy sans pa-
reille :
Sans que mon bon genie au deuant m'a poussé,
Desia tout mon bon-heur eust esté renuersé.
C'estoit fait de mon bien, c'estoit fait de ma ioye,
D'vn regret eternel ie deuenois la proye ;
Bref, si ie ne me fusse en ce lieu rencontré,
Anselme auoit l'esclaue, & i'en estois frustré.
Il l'emmenoit chez luy ; mais i'ay paré l'atteinte,
I'ay détourné le coup, & tant fait, que par crainte
Le pauure Trufaldin la retenuë.

MASCARILLE.

Et trois;
Quand nous serons à dix, nous ferons vne croix.
C'estoit par mon adresse, ô ceruelle incurable,
Qu'Anselme entreprenoit cét achapt fauorable ;
Entre mes propres mains on la deuoit liurer;
Et vos soins endiablez nous en viennent seurer ;
Et puis pour vostre amour ie m'emploirois encore ?
I'aymerois mieux cent fois estre grosse pecore,

C

Deuenir cruche, choû, lanterne, loupgarou,
Et que monſieurSathan vous vint tordre le coû.

LELIE.

Il nous le faut mener en quelque Hoſtellerie,
Et faire ſur les pots décharger ſa furie.

Fin du premier Acte.

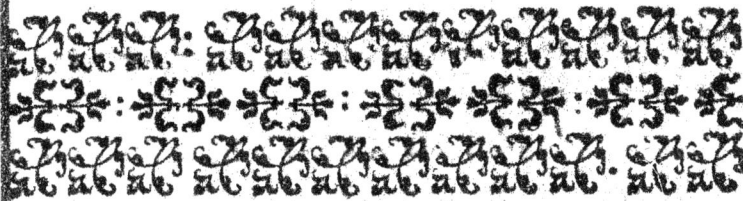

ACTE II.

SCENE PREMIERE.

MASCARILLE, LELIE.

MASCARILLE.

Vos defirs enfin il a fallu fe rendre,
Malgré tous mes fermens ie n'ay pû
m'en deffendre,
Et pour vos interefts que ie voulois
laiffer,
En de noueaux perils viens de m'embaraffer;
Ie fuis ainfi facile, & fi de Mafcarille
Madame la Nature auoit fait vne fille,
Ie vous laiffe à penfer ce que ç'auroit efté.
Toutefois, n'allez pas fur cette feureté
Donner de vos reuers au projet que ie tente,
Me faire vne béueuë, & rompre mon attente;
Auprés d'Anfelme encor nous vous excuferons;
Pour en pouuoir tirer ce que nous defirons;
Mais, fi d'orefnauant voftre imprudence éclatte,
Adieu vous dy mes foins pour l'objet qui vous
flatte.

C ij

LELIE.

Non, ie feray prudent, te dis-ie, ne crains rien,
Tu verras feulement......

MASCARILLE.

Souuenez-vous en bien
I'ay commencé pour vous vn hardy ftratagéme:
Voftre pere fait voir vne pareffe extréme
A rendre par fa mort tous vos defirs contens,
Ie viens de le tuer, de parole, i'entens,
Ie fais courir le bruit que d'vne Apoplexie,
Le bon-homme furpris a quitté cette vie;
Mais auant, pour pouuoir mieux feindre ce trépas,
I'ay fait que vers fa grange il a porté fes pas;
On eft venu luy dire, & par mon artifice,
Que les ouuriers qui font apres fon edifice,
Parmy les fondemens qu'ils en iettent encor,
Auoient fait par hazard rencontre d'vn trefor;
Il a volé d'abord, & comme à la campagne
Tout fon monde à prefent hors nous deux l'accom-
          pagne,
Dans l'efprit d'vn chacun ie le tuë aujourd'huy,
Et produis vn fantofme enfeuely pour luy:
Enfin ie vous ay dit à quoy ie vous engage,
Ioüez bien voftre rôle, & pour mon perfonnage,
Si vous aperceuez que i'y manque d'vn mot,
Dittes abfolument que ie ne fuis qu'vn fot.

LELIE feul.

Son efprit, il eft vray, trouue vne eftrange voye
Pour adreffer mes vœux au comble de leur ioye;
Mais quand d'vn bel objet on eft bien amoureux,
Que ne feroit-on pas pour deuenir heureux?
Si l'amour eft au crime vne affez belle excufe,
Il en peut bien feruir à la petite rufe,

Que sa flâme aujourd'huy me force d'approuuer
Par la douceur du bien qui m'en doit arriuer :
Iuste Ciel! qu'ils sont prompts! ie les vois en parole,
Allons-nous preparer à ioüer nostre rôle.

SCENE II.

MASCARILLE, ANSELME,

MASCARILLE.

LA nouuelle a subjet de vous surprendre fort.

ANSELME.

Estre mort de la sorte !

MASCARILLE.

Il a certes grand tort.
Ie luy sçay mauuais gré d'vne telle incartade.

ANSELME.

N'auoir pas seulement le temps d'estre malade!

MASCARILLE.

Non, iamais homme n'eut si haste de mourir.

ANSELME.

Et Lelie ?

MASCARILLE.

Il se bat, & ne peut rien souffrir :
Il s'est fait en maints lieux contusion & bosse,
Et veut accompagner son papa dans la fosse :
Enfin, pour acheuer, l'excez de son transport
M'a fait en grande haste enseuelir le mort,

C iij

De peur que cét obiet qui le rend hipocondre,
A faire vn vilain coup ne me l'allast femondre.

ANSELME.

N'importe, tu deuois attendre iufqu'au foir,
Outre qu'encore vn coup i'aurois voulu le voir.
Qui toft enfeuelit, bien fouuent affaffine,
Et tel eft crû deffunct qui n'en a que la mine.

MASCARILLE.

Ie vous le garentis trefpaffé comme il faut ;
Au refte, pour venir au difcours de tantoft ,
Lelie, & l'action luy fera falutaire,
D'vn bel enterrement veut regaler fon pere,
Et confoler vn peu ce deffunct de fon fort,
Par le plaifir de voir faire honneur à fa mort ;
Il herite beaucoup, mais comme en fes affaires,
Il fe trouue affez neuf, & ne voit encor gueres;
Que fon bien la plufpart n'eft point en ces quartiers,
Ou que ce qu'il y tient confifte en des papiers ;
Il voudroit vous prier, enfuitte de l'inftance
D'excufer de tantoft fon trop de violence,
De luy prefter au moins pour ce dernier deuoir......

ANSELME.

Tu me l'as defia dit, & ie m'en vais le voir.

MASCARILLE.

Iufques icy du moins tout va le mieux du monde :
Tafchons à ce progrés que le refte réponde,
Et de peur de trouuer dans le port vn écüeil,
Conduifons le vaiffeau de la main & de l'œil.

SCENE III.

LELIE, ANSELME, MASCARILLE.

ANSELME.

Sortôs, ie ne sçaurois qu'auec douleur tres-forte,
Le voir empaqueté de cette estrange sorte :
Las! en si peu de temps! il viuoit ce matin!

MASCARILLE.

En peu de temps par fois on fait bien du chemin.

LELIE.

Ah!

ANSELME.

Mais quoy? cher Lelie, enfin il estoit homme :
On n'a point pour la mort de dispense de Rome.

LELIE.

Ah!

ANSELME.

Sans leur dire gare elle abbat les humains,
Et contr'eux de tout temps a de mauuais desseins.

LELIE.

Ah!

ANSELME.

Ce fier animal pour toutes les prieres,
Ne perdroit pas vn coup de ses dents meurtrieres,
Tout le monde y passe.

LELIE.

Ah!

MASCARILLE.
Vous auez beau prefcher
Ce deüil enraciné ne fe peut arracher.

ANSELME.
Si malgré ces raifons voftre ennuy perfeuere,
Mon cher Lelie, au moins, faites qu'il fe modere.

LELIE.
Ah!

MASCARILLE.
Il n'en fera rien, ie connois fon humeur

ANSELME.
Au refte, fur l'aduis de voftre feruiteur,
I'aporte icy l'argent qui vous eft neceffaire,
Pour faire celebrer les obfeques d'vn pere.....

LELIE.
Ah! Ah!

MASCARILLE.
Comme à ce mot s'augmente fa douleur
Il ne peut fans mourir, fonger à ce malheur.

ANSELME.
Ie fçay que vous verrez aux papiers du bon-homme,
Que ie fuis debiteur d'vne plus grande fomme:
Mais, quand par ces raifons ie ne vous deurois rien,
Vous pourriez librement difpofer de mon bien.
Tenez, ie fuis tout voftre, & le feray paroiftre.

LELIE *s'en allant.*
Ah!

MASCARILLE.
Le grãd déplaifir que fent monfieur mon Maiftre

ANSELME.
Mafcarille, ie croy qu'il feroit à propos,
Qu'il me fit de de fa main vn receu de deux mots.

MASCARILLE.
Ah!

ANSELME.

Des euenements l'incertitude eſt grande.

MASCARILLE.

Ah!

ANSELME.

Faiſons luy ſigner le mot que ie demande.

MASCARILLE.

Las ! en l'eſtat qu'il eſt comment vous contenter !
Donnez luy le loiſir de ſe deſ-atriſter ;
Et quád ſes déplaiſirs prendröt quelque allegeance,
I'auray ſoin d'en tirer d'abord voſtre aſſeurance.
Adieu, ie ſens mon cœur qui ſe gonfle d'ennuy,
Et m'en vay tout mon ſaoul pleurer auecque luy.
Ah!

ANSELME ſeul.

Le monde eſt remply de beaucoup de trauerſes.
Chaque homme tous les iours en reſſent de diuerſes,
Et iamais icy bas.......

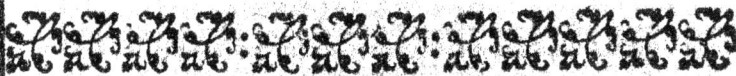

SCENE IV.

PANDOLFE, ANSELME.

ANSELME.

AH ! bon Dieux, ie fremy !
Pandolfe qui reuient ! fut-il bien endormy.
Comme depuis ſa mort ſa face eſt amaigrie !
Las ! ne m'aprochez pas de plus prés, ie vous prie ;

J'ay trop de repugnance à coudoyer vn mort.
PANDOLFE.
D'où peut donc prouenir ce bizarre transport ?
ANSELME.
Dittes-moy de bien loin quel sujet vous ameine.
Si pour me dire adieu vous prenez tant de peine,
C'est trop de courtoisie, & veritablement,
Ie me serois passé de vostre compliment.
Si vostre ame est en peine & cherche des prieres,
Las ! ie vous en promets, & ne m'effrayez gueres
Foy d'homme espouuanté, ie vais faire à l'instant
Prier tant Dieu pour vous, que vous serez content.
Disparoissez donc, ie vous prie,
Et que le Ciel par sa bonté,
Comble de ioye & de santé
Vostre deffuncte seigneurie.

PANDOLFE *riant.*

Malgré tout mon dépit, il m'y faut prendre part.
ANSELME.
Las ! pour vn trespassé vous estes bien gaillart!
PANDOLFE.
Est-ce ieu ? dittes-nous, ou bien si c'est folie,
Qui traitte de deffunct vne personne en vie ?
ANSELME.
Helas ! vous estes mort, & ie viens de vous voir.
PANDOLFE.
Quoy ? i'aurois trespassé sans m'en apperceuoir ?
ANSELME.
Si-tost que Mascarille en a dit la nouuelle,
J'en ay senty dans l'ame vne douleur mortelle.
PANDOLFE.
Mais enfin dormez-vous ? estes-vous éueillé ?
Me connoissez vous pas ?

ANSELME.
Vous estes habillé
D'vn corps aërien qui contrefait le vostre,
Mais qui dans vn moment peut deuenir tout autre.
Ie crains fort de vous voir comme vn geant grandir,
Et tout vostre visage affreusement laidir.
Pour Dieu, ne prenez point de vilaine figure;
I'ay proû de ma frayeur en cette coniecture.

PANDOLFE.
En vne autre saison, cette naïueté,
Dont vous accompagnez vostre credulité,
Anselme, me seroit vn charmant badinage,
Et i'en prolongerois le plaisir dauantage :
Mais auec cette mort vn tresor supposé,
Dont parmy les chemins on m'a desabusé,
Fomente dans mon ame vn soupçon legitime.
Mascarille est vn fourbe, & fourbe fourbissime,
Sur qui ne peuuent rien la crainte, & le remors,
Et qui pour ses desseins a d'étranges ressorts.

ANSELME.
M'auroit-on ioüé piece, & fait supercherie ?
Ah ! vrayment ma raison vous seriez fort iolie !
Touchons vn peu pour voir : en effet c'est bien luy.
Malepeste du sot, que ie suis aujourd'huy !
De grace, n'allez pas diuulguer vn tel conte ;
On en feroit ioüer quelque farce à ma honte :
Mais, Pandolfe, aidez-moy vous-mesme à retirer
L'argent que i'ay donné pour vous faire enterrer.

PANDOLFE.
De l'argent, dittes-vous ? ah ! c'est donc l'encloüeure.
Voila le nœud secret de toute l'aduanture ;
A vostre dam. Pour moy, sans m'en mettre en soucy,
Ie vais faire informer de cette affaire icy,

Contre ce Mafcarille, & fi l'on peut le prendre,
Quoy qu'il puiffe coufter, ie veux le faire pendre.

ANSELME.

Et moy, la bonne duppe, à trop croire vn vaurien,
Il faut dóc qu'aujourd'huy ie perde, & fang, & bien
Il me fied bien, ma foy, de porter tefte grife,
Et d'eftre encor fi prompt à faire vne fottife!
D'examiner fi peu fur vn premier rapport!....
Mais ie voy.....

SCENE V.

LELIE, ANSELME.

LELIE.

Maintenant auec ce paffeport
Ie puis à Trufaldin rendre aifément vifite.

ANSELME.

A ce que ie puis voir, voftre douleur vous quitte?

LELIE.

Que dittes-vous! iamais elle ne quittera,
Vn cœur qui cherement toûjours la nourrira.

ANSELME.

Ie repiens fur mes pas vous dire, auec franchife,
Que tantoft auec vous i'ay fait vne méprife;
Que parmy ces Loüis, quoy qu'ils femblent tres-
beaux,
I'en ay fans y penfer meflé que ie tiens faux,

E

Et i'apporte sur moy dequoy mettre en leur place :
De nos faux monnoyeurs l'insuportable audace,
Pullule en cét Estat d'vne telle façon,
Qu'on ne reçoit plus rien qui soit hors de soupçon :
Mon Dieu, qu'on feroit bien de les faire tous pêdre !

LELIE.
Vous me faites plaisir de les vouloir reprendre ;
Mais ie n'en ay point veu de faux, comme ie croy.

ANSELME.
Ie les connoistray bien, montrez, montrez-les moy:
Est-ce tout ?

LELIE.
Ouy.

ANSELME.
Tant mieux; enfin ie vous racroche,
Mon argent bien aymé, rentrez dedans ma poche ;
Et vous, mon braue Escroc, vous ne tenez plus rien;
Vous tuez donc des gens qui se portent fort bien ;
Et qu'auriez-vous donc fait sur moy, chetif beau
    pere ?
Ma foy, ie m'engendrois d'vne belle maniere !
Et i'allois prendre en vous vn beau fils fort discret.
Allez, allez mourir de honte, & de regret.

LELIE.
Il faut dire i'en tiens; quelle surprise extréme !
D'où peut-il auoir sçeu si-tost le stratagesme !

D

SCENE VI.

MASCARILLE , LELIE.

MASCARILLE.

QVoy? vous eſtiez ſorty? ie vous cherchois par
        tout :
Hé bien ? en ſommes-nous enfin venus à bout;
Ie le donne en ſix coups au fourbe le plus braue,
C'a, donnez-moy que i'aille acheter noſtre eſclaue,
Voſtre riual apres ſera bien eſtonné.

LELIE.

Ah! mon pauure garçon, la chance a bien tourné ,
Pourrois-tu de mon ſort deuiner l'iniuſtice ?

MASCARILLE.

Quoy ? que ce ſeroit-ce ?

LELIE.

                        Anſelme inſtruit de l'artifice,
M'a repris maintenant tout ce qu'il nous preſtoit,
Sous couleur de changer de l'or que l'on doutoit.

MASCARILLE.

Vous vous moquez peut-eſtre ?

LELIE.

                        Il eſt trop veritable,

MASCARILLE.

Tout de bon ?

LELIE.

                Tout de bon, i'en ſuis inconſolable ;

Tu te vas emporter d'vn courroux sans égal.

MASCARILLE.

Moy, Monsieur ? quelque sot, la colere fait mal ;
Et ie veux me choyer, quoy qu'enfin il arriue :
Que Celie apres tout soit ou libre, ou captiue ;
Que Leandre l'achepte, ou qu'elle reste la,
Pour moy, ie m'en soucie autant que de cela.

LELIE.

Ah ! n'aye point pour moy si grande indifference,
Et sois plus indulgent à ce peu d'imprudence,
Sans ce dernier malheur, ne m'auoüeras-tu pas,
Que i'auois fait merueille ? & qu'en ce feint trépas
I'éludois vn chacun d'vn deüil si vray-semblable,
Que les plus clairuoyants l'auroient crû veritable.

MASCARILLE.

Vous auez en effet suiet de vous loüer.

LELIE.

Et bien, ie suis coupable, & ie veux l'aduoüer ;
Mais, si iamais mon bien te fut considerable,
Repares ce mal-heur, & me sois secourable.

MASCARILLE.

Ie vous baise les mains, ie n'ay pas le loisir.

LELIE.

Mascarille, mon fils.

MASCARILLE.

Point.

LELIE.

Fay moy ce plaisir.

MASCARILLE.

Non, ie n'en feray rien.

LELIE.

Si tu m'es inflexible,

Ie m'en vais me tuer.

MASCARILLE.

Soit, il vous est loisible.

LELIE.

Ie ne te puis fléchir?

MASCARILLE.

Non.

LELIE.

Vois-tu le fer prest.

MASCARILLE.

Ouy.

LELIE.

Ie vais le pousser.

MASCARILLE.

Faites ce qu'il vous plaist.

LELIE.

Tu n'auras pas regret de m'arracher la vie!

MASCARILLE.

Non.

LELIE.

Adieu Mascarille.

MASCARILLE.

Adieu Monsieur Lelie.

LELIE.

Quoy!......

MASCARILLE.

Tuez-vous donc viste: ah! que de longs deuis!

LELIE.

Tu voudrois bien, ma foy, pour auoir mes habits,
Que ie fisse le sot, & que ie me tuasse.

MASCARILLE.

Sçauois-ie pas qu'enfin ce n'estoit que grimace;
Et, quoy que ces esprits iurent d'effectuer,
Qu'on n'est point aujourd'huy si prompt à se tuer.

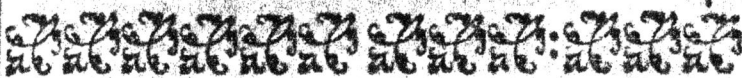

SCENE VII.

LEANDRE, TRVFALDIN, LELIE, MASCARILLE.

LELIE.

QVe vois-ie! mon riual & Trufaldin enfemble!
Il achette Celie; ah! de frayeur ie tremble.

MASCARILLE.

Il ne faut point douter qu'il fera ce qu'il peut,
Et, s'il a de l'argent, qu'il pourra ce qu'il veut:
Pour moy, i'en fuis rauy; voila la recompenfe
De vos brufques erreurs, de voftre impatience.

LELIE.

Que dois-ie faire? dy, veüille me confeiller.

MASCARILLE.

Ie ne fçay.

LELIE.

Laiffe-moy, ie vais le quereller.

MASCARILLE.

Qu'en arriuera-il?

LELIE.

Que veux-tu que ie faffe
Pour empefcher ce coup?

MASCARILLE.

Allez, ie vous fais grace;
Ie iette encor vn œil pitoyable fur vous,
Laiffez-moy l'obferuer par des moyens plus doux;
Ie vay, comme ie croy, fçauoir ce qu'il proiette.

D iij

TRVFALDIN.

Quand on viendra tantoſt, c'eſt vne affaire faitte.

MASCARILLE.

Il faut que ie l'atrappe, & que de ſes deſſeins
Ie ſois le confident pour mieux les rendre vains.

LEANDRE.

Graces au Ciel, voila mon bonheur hors d'atteinte,
I'ay ſçeu me l'aſſeurer, & ie n'ay plus de crainte ;
Quoy que deſormais puiſſe entreprendre vn riual,
Il n'eſt plus en pouuoir de me faire du mal.

MASCARILLE.

Ahi, ahi, à l'ayde, au meurtre, au ſecours, on m'aſſomme,
Ah, ah, ah, ah, ah, ah, ô traiſtre! ô bourreau d'hôme!

LEANDRE.

D'où procede cela ? qu'eſt-ce ? que te fait-on ?

MASCARILLE.

On vient de me donner deux cent coups de baſton.

LEANDRE.

Qui ?

MASCARILLE.

Lelie.

LEANDRE.

Et pourquoy ?

MASCARILLE.

Pour vne bagatelle,
Il me chaſſe & me bat d'vne façon cruelle.

LEANDRE.

Ah ! vrayment il a tort :

MASCARILLE.

Mais, où ie ne pourray,
Ou ie iure bien fort, que ie m'en vengeray ;
Ouy, ie te feray voir, batteur que Dieu confonde,
Que ce n'eſt pas pour rien qu'il faut roüer le môde :

Que ie fuis vn valet , mais fort homme d'honneur ,
Et qu'apres m'auoir eu quatre ans pour feruiteur ,
Il ne me falloit pas payer en coups de gaules ,
Et me faire vn affront fi fenfible aux efpaules :
Ie te le dis encor, ie fçauray m'en venger ;
Vne efclaue te plaift , tu voulois m'engager
A la mettre en tes mains , & ie veux faire en forte
Qu'vn autre te l'enleue , ou le diable m'emporte.

LEANDRE.

Efcoute, Mafcarille , & quitte ce tranfport ;
Tu m'as pleu de tout temps , & ie fouhaitois fort
Qu'vn garçon comme toy plein d'efprit & fidele ,
A mon feruice vn iour puft attacher fon zele :
Enfin , fi le party te femble bon pour foy ,
Si tu veux me feruir , ie t'arrefte, auec moy.

MASCARILLE.

Ouy, Monfieur, d'autât mieux que le deftin propice
M'offre à me bien venger en vous rendant feruice ,
Et que dans mes efforts pour vos contentemens ,
Ie puis à mon brutal trouuer des chaftimens.
De Celie en vn mot par mon adreffe extréme.....

LEANDRE.

Mon amour s'eft rendu cét office luy-mefme ,
Enflâmé d'vn objet qui n'a point de defaut ,
Ie viens de l'achetter moins encor qu'il ne vaut.

MASCARILLE.

Quoy ? Celie eft à vous ?

LEANDRE.

Tu la verrois paroiftre ,
Si de mes actions i'eftois tout à fait maiftre :
Mais quoy ! mon pere l'eft , comme il a volonté ,
Ainfi que ie l'apprends d'vn paquet apporté ,
De me determiner à l'hymen d'Hypolite ,
I'empefche qu'vn rapport de tout cecy l'irrite.

D iiij

Donc auec Trufaldin ; car ie fors de chez luy ;
I'ay voulu tout exprés agir au nom d'autruy,
Et l'achat fait, ma bague eft la marque choifie ;
Sur laquelle au premier il doit liurer Celie ;
Ie fonge auparauant à chercher les moyens
D'ofter aux yeux de tous ce qui charme les miens ;
A trouuer promptement vn endroit fauorable,
Ou puiffe eftre en fecret cette captiue aymable.

MASCARILLE.

Hors de la ville vn peu, ie puis auec raifon,
D'vn vieux parent que i'ay vous offrir la maifon,
Là, vous pourrez la mettre auec toute affeurance,
Et de cette action nul n'aura connoiffance.

LEANDRE.

Ouy, ma foy, tu me fais vn plaifir fouhaité.
Tien donc, & va pour moy prendre cette beauté,
Dés que par Trufaldin ma bague fera veuë,
Auffi-toft en tes mains elle fera renduë,
Et dans cette maifon tu me la conduiras
Quand... mais chut, Hypolite eft icy fur nos pas.

SCENE VIII.

HYPOLITE, LEANDRE, MASCARILLE.

HYPOLITE.

E dois vous annoncer, Leandre, vne nouuelle;
Mais la treuuerez-vous agreable, ou cruelle?

LEANDRE.

our en pouuoir iuger, & répondre soudain,
faudroit la sçauoir.

HYPOLITE.

Donnez-moy donc la main
fqu'au Temple, en marchant ie pourray vous l'ap-
prendre.

LEANDRE.

a, va-t'en me seruir sans dauantage attendre.

MASCARILLE.

uy, ie te vay seruir d'vn plat de ma façon;
t-il iamais au monde vn plus heureux garçon!
! que dans vn moment Lelie aura de ioye!
maistresse en nos mains tomber par cette voye!
eceuoir tout son bien, d'où l'on attend le mal!
t deuenir heureux par la main d'vn riual!
pres ce rare exploit, ie veux que l'on s'appreste
me peindre en Heros vn laurier sur la teste,
qu'au bas du portrait on mette en lettres d'or,
uat Mascarillus, fourbum Imperator.

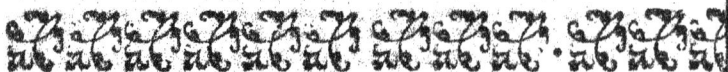

SCCNE IX.

TRVFALDIN , MASCARILLE

MASCARILLE.

Hola.

TRVFALDIN.

Que voulez-vous?

MASCARILLE.

Cette bague connuë
Vous dira le sujet qui cause ma venuë.

TRVFALDIN.

Ouy, ie reconnois bien la bague que voila :
Ie vais querir l'esclaue, arrestez vn peu la.

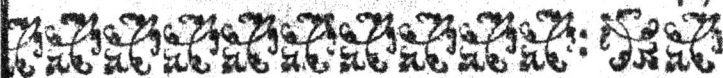

SCENE X.

LE COVRRIER, TRVFALDIN,
MASCARILLE.

LE COVRRIER

SEigneur, obligez-moy de m'enseigner vn hõme...
TRVFALDIN.
Et qui ?

LE COVRRIER.
Ie croy que c'est Trufaldin qu'il se nomme.
TRVFALDIN.
Et que luy voulez-vous ? vous le voyez icy.
LE COVRRIER.
Luy rendre seulement la lettre que voicy.

LETTRE.

Le Ciel dont la bonté prend soucy de ma vie,
Vient de me faire ouïr par vn bruit assez doux,
Que ma fille à quatre ans par des voleurs rauie,
Sous le nom de Celie est esclaue chez vous.

Si vous sceustes iamais ce que c'est qu'estre pere,
Et vous trouuez sensible aux tendresses du sang,
Conseruez-moy chez vous cette fille si chere,
Comme si de la vostre elle tenoit le rang.

Pour l'aller retirer, ie pars d'icy moy-mesme,
Et vous vais de vos soins recompenser si bien,
Que par vôtre bonheur que ie veux rẽdre extrém
Vous benirez le iour où vous causez le mien.

De Madrid.

Dom Pedro de Gusman
Marquis de Montalcane

TRVFALDIN.

Quoy qu'à leur Nation bien peu de foy soit deuë,
Ils me l'auoient bien dit, ceux qui me l'ont venduë
Que ie verrois dans peu quelqu'vn la retirer,
Et que ie n'aurois pas sujet d'en murmurer:
Et cependant i'allois par mon impatience,
Perdre aujourd'huy les fruits d'vne haute espe
rance.
Vn seul momét plus tard tous vos pas estoiét vains
I'allois mettre en l'instant cette fille en ses mains;
Mais suffit, i'en auray tout le soin qu'on desire.
Vous-mesme, vous voyez ce que ie viens de lire:
Vous direz à celuy qui vous a fait venir,
Que ie ne luy sçaurois ma parole tenir.
Qu'il vienne retirer son argent.

MASCARILLE.

Mais l'outrag

Que vous luy faites......

TRVFALDIN.

Va, sans causer dauantage

MASCARILLE.

Ah! le fâcheux paquet que nous venons d'auoir!
Le sort a bien donné la baye à mon espoir!

E

Et bien àla male-heure eſt-il venu d'Eſpagne,
Ce Courrier que la foudre, ou la greſle accompagne;
Iamais, certes, iamais, plus beau commencement,
N'euſt en ſi peu de temps plus triſte euenement.

SCENE XI.

LELIE, MASCARILLE.

MASCARILLE.

Qvel beau tranſport de ioye à preſent vous
inſpire?

LELIE.

Laiſſe m'en rire encor auant que te le dire.
MASCARILLE.
C'a, rions donc bien fort, nous en auons ſujet.

LELIE.

Ah! ie ne ſeray plus de tes plaintes l'objet.
Tu ne me diras plus, toy qui toûjours me cries,
Que ie gaſte en broüillon toutes tes fourberies:
I'ay bien ioüé moy-meſme vn tour des plus adroits.
Il eſt vray, ie ſuis prompt, & m'emporte par fois;
Mais pourtant, quand ie veux, i'ay l'imaginatiue
Auſſi bonne en effet, que perſonne qui viue;
Et toy-meſme aduoüras que ce que i'ay fait part
D'vne pointe d'eſprit ou peu de monde à part.

E

MASCARILLE.

Sçachons donc ce qu'a fait cette imaginatiue.

LELIE.

Tantost, l'esprit esmeu d'vne frayeur bien viue,
D'auoir veu Trufaldin auecque mon riual,
Ie songeois à trouuer vn remede à ce mal,
Lors que me ramassant tout entier en moy-mesme,
I'ay conçeu, digeré, produit vn stratagesme,
Deuant qui tous les tiens, dont tu fais tant de cas,
Doiuent sans contredit, mettre pauillon bas.

MASCARILLE.

Mais qu'est-ce ?

LELIE.

Ah ! s'il te plaist, donne toy patience ;
I'ay donc feint vne lettre auec diligence,
Comme d'vn grand Seigneur écritte à Trufaldin,
Qui mande, qu'ayant sceu par vn heureux destin,
Qu'vne esclaue qu'il tient sous le nom de Celie,
Est sa fille autrefois par des voleurs rauie ;
Il veut la venir prendre, & le coniure au moins
De la garder toûjours, de luy rendre des soins ;
Qu'à ce sujet il part d'Espagne, & doit pour elle
Par de si grands presents reconnoistre son zele,
Qu'il n'aura point regret de causer son bonheur.

MASCARILLE.

Fort bien.

LELIE.

Escoute donc ; voicy bien le meilleur.
La Lettre que ie dis a donc esté remise ;
Mais, sçais-tu bien commét ? en saison si bien prise,
Que le porteur m'a dit que sans ce trait falot,
Vn homme l'emmenoit qui s'est trouué fort sot.

COMEDIE.

MASCARILLE.

Vous auez fait ce coup sans vous donner au diable?
LELIE.
Ouy, d'vn tour si subtil m'aurois-tu crû capable?
Loüé au moins mon adresse, & la dexterité,
Dont ie romps d'vn riual le dessein concerté.

MASCARILLE.

A vous pouuoir loüer selon vostre merite,
Ie manque d'eloquence, & ma force est petite;
Ouy, pour bien étaler cét effort releué,
Ce bel exploit de guerre à nos yeux acheué,
Ce grand & rare effet d'vne imaginatiue,
Qui ne cede en vigueur à personne qui viue,
Ma langue est impuissante, & ie voudrois auoir
Celles de tous les gens du plus exquis sçauoir,
Pour vous dire en beaux Vers, ou bié en docte Prose,
Que vous serez toûjours, quoy que l'on se propose,
Tout ce que vous auez esté durant vos iours;
C'est à dire, vn esprit chauffé tout à rebours,
Vne raison malade, & toûjours en débauche,
Vn enuers du bon sens, vn iugement à gauche,
Vn broüillon, vne beste, vn brusque, vn estourdy,
Que sçay-ie, vn, cent fois plus encor que ie ne dy,
C'est faire en abregé vostre panegyrique.
LELIE.
Apprends moy le sujet qui contre moy te pique:
Ay-ie fait quelque chose? éclaircy moy ce poinct.
MASCARILLE.
Non, vous n'auez rien fait; mais ne me suiuez point.
LELIE.
Ie te suiuray par tout, pour sçauoir ce mystere.

MASCARILLE.

Ouy ? fus donc, preparez vos iambes à bien faire,
Car ie vais vous fournir dequoy les exercer.

LELIE.

Il m'efchape ! ô malheur qui ne fe peut forcer !
Au difcours qu'il m'a fait que fçaurois-ie compren-
dre ?
Et quel mauuais office aurois-ie pû me rendre?

Fin du fecond Acte.

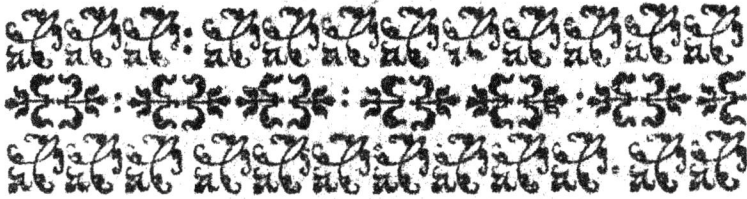

ACTE III.

SCENE PREMIERE.

MASCARILLE *seul.*

Aisez-vous , ma bonté , cessez voftre
    entretien ;
Vous eftes vne fotte, & ie n'en feray rien;
Ouy , vous auez raifon, mon courroux ,
    ie l'aduouë ;
Relier tant de fois ce qu'vn broüillon dénoüe ,
C'eft trop de patience ; & ie dois en fortir
Apres de fi beaux coups qu'il a feeu diuertir.
Mais auffi , raifonnons vn peu fans violence ;
Si ie fuis maintenant ma iufte impatience ,
On dira que ie cede à la difficulté ,
Que ie me trouue à bout de ma fubtilité ;
Et que deuiendra lors cette publique eftime,
Qui te vante par tout pour vn fourbe fublime ,
Et que tu t'es acquife en tant d'occafions ,
A ne t'eftre iamais veu court d'inuentions ?
L'honneur, ô Mafcarille, eft vne belle chofe :
A tes nobles trauaux ne fais aucune paufe ;

Et, quoy qu'vn maiſtre ait fait pour te faire enrager,
Acheue pour ta gloire, & non pour l'obliger :
Mais quoy ! que feras-tu, que de l'eau toute claire
Trauerſé ſans repos par ce demon contraire ?
Tu vois qu'à chaque inſtant il te fait déchanter,
Et que c'eſt battre l'eau, de pretendre arreſter
Ce torrent effrené, qui de tes artifices
Renuerſe en vn moment les plus beaux Edifices.
Et bien, pour toute grace, encore vn coup du moins,
Au hazard du ſuccez, ſacrifions des ſoins ;
Et s'il pourſuit encor à rompre noſtre chance,
I'y conſens, oſtons luy toute noſtre aſſiſtance.
Cependant noſtre affaire encor n'iroit pas mal,
Si par là nous pouuions perdre noſtre riual,
Et que Leandre enfin, laſſé de ſa pourſuitte,
Nous laiſſaſt iour entier pour ce que ie medite.
Ouy, ie roule en ma teſte vn trait ingenieux,
Dont ie promettrois bien vn ſuccez glorieux,
Si ie puis n'auoir plus cét obſtacle à combatre :
Bon, voyons ſi ſon feu ſe rend opiniâtre.

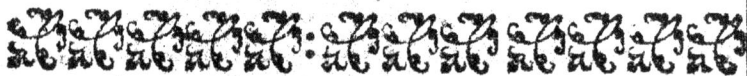

SCENE II.

LEANDRE, MASCARILLE.

MASCARILLE.

MOnſieur, i'ay perdu temps, voſtre homme ſe
dédit.

LEANDRE.

De la choſe luy-meſme il m'a fait vn recit ;

Mais, c'eſt bien plus, i'ay ſçeu que tout ce beau
   myſtére,
D'vn rapt d'Egyptiens, d'vn grand Seigneur pour
   pere,
Qui doit partir d'Eſpagne, & venir en ces lieux,
N'eſt qu'vn pur ſtratageſme, vn trait facetieux,
Vne hiſtoire à plaiſir, vn conte dont Lelie
A voulu détourner noſtre achat de Celie.

MASCARILLE.

Voyez vn peu la fourbe!

LEANDRE.

       Et pourtant Trufaldin
Eſt ſi bien imprimé de ce conte badin,
Mord ſi bien à l'appas de cette foible ruſe,
Qu'il ne veut point ſouffrir que l'on le deſabuſe.

MASCARILLE.

C'eſt pourquoy deſormais il la gardera bien,
Et ie ne voy pas lieu d'y pretendre plus rien.

LEANDRE.

Si d'abord à mes yeux elle parût aymable,
Ie viens de la treuuer tout à fait adorable,
Et ie ſuis en ſuſpens, ſi pour me l'acquerir,
Aux extrémes moyens ie ne dois point courir,
Par le don de ma foy rompre ſa deſtinée,
Et changer ſes liens en ceux de l'hymenée.

MASCARILLE.

Vous pourriez l'époufer!

LEANDRE.

      Ie ne ſçay : mais enfin,
Si quelque obſcurité ſe treuue en ſon deſtin,
Sa grace & ſa vertu ſont de douces amorces,
Qui pour tirer les cœurs ont d'incroyables forces.

MASCARILLE.

La vertu, dittes-vous?

              E iiij

LEANDRE.
                    Quoy ! que murmures-tu ?
Acheue, explique-toy sur ce mot de vertu.
          MASCARILLE.
Monsieur, vostre visage en vn moment s'altere,
Et ie feray bien mieux peut-estre de me taire.
               LEANDRE.
Non, non, parle.
             MASCARILLE.
                Hé bien donc, tres-charitablement,
Ie vous veux retirer de vostre aueuglement.
Cette fille......
               LEANDRE.
          Poursuy.
          MASCARILLE.
                N'est rien moins qu'inhumaine ;
Dans le particulier elle oblige sans peine,
Et son cœur, croyez-moy, n'est point roche apres
     tout,
A quiconque la sçait prendre par le bon bout;
Elle fait la sucrée, & veut passer pour prude ;
Mais ie puis en parler auecque certitude ;
Vous sçauez que ie suis quelque peu d'vn mestier,
A me deuoir connoistre en vn pareil gibier.
                LEANDRE.
Celie......
          MASCARILLE.
          Ouy, sa pudeur n'est que franche grimace,
Qu'vne ombre de vertu qui garde mal la place,
Et qui s'éuanoüit, comme l'on peut sçauoir,
Aux rayons du Soleil qu'vne bource fait voir.
               LEANDRE.
Las ! que dis-tu ? croiray-ie vn discours de la sorte

MASCARILLE.

Monfieur, les volontez font libres, que m'importe?
Non, ne me croyez-pas, fuiuez voftre deffein,
Prenez, cette matoife, & luy donnez la main;
Toute la ville en corps reconnoiftra ce zele,
Et vous efpouferez le bien public en eile.

LEANDRE.

Quelle furprife eftrange!

MASCARILLE.

      Il a pris l'hameçon;
Courage, s'il s'y peut enferrer tout de bon,
Nous nous oftons du pied vne fàcheufe efpine.

LEANDRE.

Ouy, d'vn coup eftonnant ce difcours m'affaffine,

MASCARILLE.

Quoy! vous pourriez! ....

LEANDRE.

     Va-t'en iufqu'à la pofte, & voy
Ie ne fçay quel paquet qui doit venir pour moy.
Qui ne s'y fut trompé? iamais l'air d'vn vifage,
Si ce qu'il dit eft vray, n'impofa d'auantage.

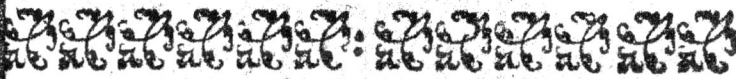

SCENE III.

LELIE, LEANDRE.

LELIE.

DV chagrin qui vous tiét, quel peut eftre l'objet?

LEANDRE.

Moy?

LELIE.

Vous-mefme.

LEANDRE.

Pourtant ie n'en ay point fuje

LELIE.

Ie voy bien ce que c'eft, Celie en eft la caufe.

LEANDRE.

Mon efprit ne court pas apres fi peu de chofe.

LELIE.

Pour elle vous auiez pourtant de grands deffeins,
Mais il faut dire ainfi, lors qu'ils fe trouuent vains.

LEANDRE.

Si i'eftois affez fot, pour cherir fes careffes,
Ie me mocquerois bien de toutes vos fineffes.

LELIE.

Quelles fineffes donc ?

LEANDRE.

Mon Dieu, nous fçauons tout.

LELIE.

Quoy ?

LEANDRE.

Voftre procedé de l'vn à l'autre bout.

LELIE.

C'eft de l'Hebreu pour moy, ie n'y puis rien comprendre.

LEANDRE.

Feignez, fi vous voulez, de ne me pas entendre ;
Mais, croyez-moy, ceffez de craindre pour vn bien
Où ie ferois fafché de vous difputer rien ;
I'ayme fort la beauté qui n'eft point prophanée,
Et ne veux point brûler pour vne abandonnée.

LELIE.

Tout beau, tout beau, Leandre.

COMEDIE.
LEANDRE.
Ah ! que vous eftes bon !
Allez , vous dis-ie encor , feruez-là fans foupçon ,
Vous pourrez vous nommer homme à bonnes for-
    tunes :
Il eft vray , fa beauté n'eft pas des plus communes ;
Mais en reuanche auffi le refte eft fort commun.
LELIE.
Leandre , arreftons là ce difcours importun.
Contre moy tât d'efforts qu'il vous plaira pour elle;
Mais fur tout retenez cette atteinte mortelle:
Sçachez que ie m'impute à trop de lâcheté ,
D'entendre mal parler de ma diuinité ;
Et que i'auray toûjours bien moins de répugnance
A fouffrir voftre amour, qu'vn difcours qui l'ioffêce.
LEANDRE.
Ce que i'aduance icy me vient de bonne part.
LELIE.
Quiconque vous l'a dit, eft vn lafche , vn pendard;
On ne peut impofer de tache à cette fille :
Ie connois bien fon cœur.
LEANDRE.
    Mais enfin Mafcarille,
D'vn femblable procez eft juge competant;
C'eft luy qui la condamne.
LELIE.
    Ouy ?
LEANDRE.
    Luy-mefme.
LELIE.
    Il pretend
D'vne fille d'honneur infolemment médire,
Et que peut-eftre encor ie n'en feray que rire.
Gage qu'il fe dédit.

LEANDRE.

Et moy gage que non

LELIE.

Parbleu, ie le ferois mourir fous le bafton,
Si'l m'auoit foutenu des fauffetez pareilles.

LEANDRE.

Moy, ie luy couperois fur le champ les oreilles,
S'il n'eftoit pas garant de tout ce qu'il m'a dit.

SCENE IV.

LELIE, LEANDRE, MASCARILLE.

LELIE.

AH! bon, bon, le voila, venez-çà, chien maudit.

MASCARILLE.

Quoy ?

LELIE.

Langue de ferpent fertile en impoftures,
Vous ofez fur Celie attacher vos morfures !
Et luy calomnier la plus rare vertu,
Qui puiffe faire éclat fous vn fort abattu!

MASCARILLE.

Doucement, ce difcours eft de mon induftrie.

LELIE.

Non, non, point de clin d'œil, & point de raillerie;
Ie fuis aueugle à tout, fourd à quoy que ce foit ;
Fuft-ce mon propre frere, il me la payeroit;

E

Et fur ce que i'adore ofer porter le blafme,
C'eft me faire vne playe au plus tendre de l'ame ;
Tous ces fignes fôt vains, quels difcours as-tu faits?
MASCARILLE.
Mon Dieu, ne cherchons point querelle, ou ie m'en
vais.
LELIE.
Tu n'efchaperas pas.
MASCARILLE.
Ahii.
LELIE.
Parle donc, confeffe.
MASCARILLE.
Laiffez-moy, ie vous dy que c'eft vn tour d'adreffe.
LELIE.
Dépefche, qu'as-tu dit? vuide entre nous ce poinct.
MASCARILLE.
I'ay dit ce que i'ay dit, ne vous emportez point.
LELIE.
Ah! ie vous feray bien parler d'vne autre forte,
LEANDRE.
Alte vn peu, retenez l'ardeur qui vous emporte.
MASCARILLE.
Fut-il iamais au monde vn efprit moins fenfé
LELIE.
Laiffez-moy contenter mon courage offencé.
LEANDRE.
C'eft trop que de vouloir le battre en ma prefence.
LELIE.
Quoy! chaftier mes gens, n'eft pas en ma puiffance?
LEANDRE.
Comment vos gens?
MASCARILLE.
Encor! il va tout découurir.

F

LELIE.

Quand i'aurois volonté de le battre à mourir,
Hé bien ? c'est mon valet ?

LEANDRE.

C'est maintenant le nostre.

LELIE.

Le trait est admirable ! & comment donc le vostre ?
Sans doute.....

MASCARILLE *bas.*

Doucement.

LELIE.

Hem , que veûx-tu conter ?

MASCARILLE *bas.*

Ah ! le double bourreau qui me va tout gaster !
Et qui ne comprend rien quelque signe qu'on dône.

LELIE.

Vous resuez bien, Leandre, & me la baillez bonne.
Il n'est pas mon valet ?

LEANDRE.

Pour quelque mal commis ,
Hors de vostre seruice il n'a pas esté mis ?

LELIE.

Ie ne sçay ce que c'est.

LEANDRE.

Et plein de violence,
Vous n'auez pas chargé son dos auec outrance ?

LELIE.

Point du tout. Moy ? l'auoir chassé, roüé de coups ?
Vous vous mocquez de moy, Leandre, ou luy de
vous.

MASCARILLE.

Pousse, pousse, bourreau, tu fais bien tes affaires.

LEANDRE.

Donc les coups de baston ne sont qu'imaginaires.

MASCARILLE.

Il ne sçait ce qu'il dit, sa memoire......

LEANDRE.

Non, non,
Tous ces signes pour toy ne disent rien de bon ;
Ouy, d'vn tour delicat mon esprit te soupçonne ;
Mais, pour l'inuention, va, ie te le pardonne ;
C'est bien assez, pour moy, qu'il m'a desabusé,
De voir par quels motifs tu m'auois imposé,
Et que m'estant commis à ton zele hipocrite,
A si bon compte encor ie m'en sois trouué quitte :
Cecy doit s'appeller vn aduis au lecteur.
Adieu, Lelie, adieu, tres-humble seruiteur.

MASCARILLE.

Courage, mon garçon, tout heur nous accompagne,
Mettós flamberge au vent, & brauoure en capagne,
Faisons *L'Olibrius*, *l'occiseur d'innocens*.

MASCARILLE.

Il t'auoit accusé de discours médisans
Contre......

MASCARILLE.

Et vous ne pouuiez souffrir mon artifice ?
Luy laisser son erreur, qui vous rendoit seruice,
Et par qui son amour s'en estoit presque allé ?
Non, il a l'esprit franc, & point dissimulé :
Enfin, chez son riual ie m'ancre auec adresse,
Cette fourbe en mes mains va mettre sa maistresse ;
Il me la fait manquer auec de faux rapports :
Ie veux de son riual allentir les transports ;
Mon braue incontinent vient qui le desabuse,
I'ay beau luy faire signe, & montrer que c'est ruse,
Point d'affaire, il poursuit sa pointe iusqu'au bout,
Et n'est point satisfait qu'il n'ait découuert tout :

Grand & fublime effort d'vn imaginatiue
Qui ne le cede point à perfonne qui viue!
C'eft vne rare piece! & digne fur ma foy,
Qu'on en faffe prefent au cabinet d'vn Roy!

LELIE.

Ie ne m'eftonne pas fi ie romps tes attentes;
A moins d'eftre informé des chofes que tu tentes,
I'en ferois encor cent de la forte?

MASCARILLE.

Tant pis.

LELIE.

Au moins, pour t'emporter à de iuftes dépits,
Fay moy dans tes deffeins entrer de quelque chofe;
Mais que de leurs refforts la porte me foit claufe,
C'eft ce qui fait toûjours que ie fuis pris fans vert.

MASCARILLE.

Ie crois que vous feriez vn maiftre d'Arme expert:
Vous fçauez à merueilles en toutes aduantures
Prendre les contretemps, & rompre les mefures.

LELIE.

Puifque la chofe eft faitte, il n'y faut plus penfer:
Mon riual en tout cas ne peut me trauerfer,
Et pourueu que tes foins en qui ie me repofe......

MASCARILLE.

Laiffons-là ce difcours, & parlons d'autre chofe,
Ie ne m'appaife pas, non, fi facilement,
Ie fuis trop en colere; il faut premierement
Me rendre vn bon office, & nous verrons en fuitte,
Si ie dois de vos feux reprendre la conduitte.

LELIE.

S'il ne tient qu'à cela, ie n'y refifte pas;
As-tu befoin? dis-moy, de mon fang? de mes bras.

MASCARILLE.

De quelle vision sa ceruelle est frappée !
Vous estes de l'humeur de ces amis d'espée,
Que l'on trouue tousiours plus prompts à dégainer,
Qu'à tirer vn teston, s'il falloit le donner.

LELIE.

Que puis-ie donc pour toy ?

MASCARILLE.

C'est que de vostre pere,
Il faut absolument appaiser la colere.

LELIE.

Nous auons fait la paix.

MASCARILLE.

Ouy, mais non pas pour nous;
Ie l'ay fait ce matin mort pour l'amour de vous ;
La vision le choque, & de pareilles feintes
Aux vieillards, comme luy, sont de dures atteintes,
Qui sur l'estat prochain de leur condition,
Leur font faire à regret triste reflexion :
Le bon homme, tout vieux, cherit fort la lumiere,
Et ne veut point de ieu dessus cette matiere ;
Il craint le pronostic, & contre moy fasché,
On m'a dit qu'en iustice il m'auoit recherché :
I'ay peur, si le logis du Roy fait ma demeure,
De m'y trouuer si bien dés le premier quart d'heure,
Que i'aye peine aussi d'en sortir par apres:
Contre moy dés long-temps on a force decrets ;
Car enfin, la vertu n'est iamais sans enuie,
Et dans ce maudit siecle, est toûjours poursuiuie.
Allez donc le fléchir.

LELIE.

Ouy, nous le fléchirons;
Mais aussi tu promets......

MASCARILLE.

Ah! mon Dieu, nous verrons.
Ma foy, prenons halaine apres tant de fatigues,
Ceſſons pour quelque téps le cours de nos intrigues,
Et de nous tourmenter de meſme qu'vn lutin :
Leandre, pour nous nuire, eſt hors de garde enfin,
Et Celie arreſtée auecque l'artifice......

SCENE V.

ERGASTE, MASCARILLE,

ERGASTE.

IE te cherchois par tout pour te rendre vn ſeruice,
Pour te donner aduis d'vn ſecret important.

MASCARILLE.

Quoy donc ?

ERGASTE.

N'auons-nous point icy quelque écoutant ?

MASCARILLE.

Non.

ERGASTE.

Nous ſommes amis autant qu'on le peut eſtre,
Ie ſçay bien tes deſſeins, & l'amour de ton maiſtre;
Songez à vous tantoſt, Leandre fait party
Pour enleuer Celie, & i'en ſuis aduerty,
Qu'il a mis ordre à tout, & qu'il ſe perſuade
D'entrer chez Truſaldin par vne maſcarade,

Ayant fçeu qu'en ce temps, affez fouuent le foir,
Des femmes du Quartier en mafque l'alloient voir.

MASCARILLE.

Ouy ! fuffit ; il n'eft pas au comble de fa ioye,
Ie pourray bien tantoft luy fouffler cette proye ;
Et contre cét affaut ie fçais vn coup fourré,
Par qui ie veux qu'il foit de luy-mefme enferré ;
Il ne fçait pas les dons dont mon ame eft pourueuë.
Adieu, nous boirons peinte à la premiere veuë.
Il faut, il faut tirer à nous ce que d'heureux
Pourroit auoir en foy ce projet amoureux,
Et par vne furprife adroitte, & non commune,
Sans courir le danger en tenter la fortune :
Si ie vais me mafquer pour deuancer fes pas,
Leandre affeurément ne nous brauera pas ;
Et la premiere que luy, fi nous faifons la prife,
Il aura fait pour nous les frais de l'entreprife ;
Puifque par fon deffein defia prefque éuanté,
Le foupçon tombera toûjours de fon cofté,
Et que nous à couuert de toutes fes pourfuittes,
De ce coup hazardeux ne craindrós point les fuittes;
C'eft ne fe point commettre à faire de l'éclat,
Et tirer les marrons de la patte du chat :
Allons dóc nous mafquer auec quelques bós freres,
Pour préuenir nos gens, il ne faut tarder gueres ;
Ie fçais ou gift le lieure, & me puis fans trauail
Fournir en vn moment d'hommes, & d'attirail ;
Croyez que ie mets bien mon adreffe en vfage,
Si i'ay receu du Ciel les fourbes en partage,
Ie ne fuis point au rang de fes efprits mal nez,
Qui cachent les talens que Dieu leur a donnez.

SCENE VI.

LELIE, ERGASTE.

LELIE.

IL pretend l'enleuer auec sa mascarade ?

ERGASTE.

Il n'est rien plus certain ; quelqu'vn de sa brigade,
M'ayant de ce dessein instruit, sans m'arrester,
A Mascarille lors i'ay couru tout conter,
Qui s'en va , m'a-t'il dit , rompre cette partie,
Par vne inuention dessus le champ bastie ;
Et comme ie vous ay rencontré par hazard,
I'ay crû que ie deuois de tout vous faire part.

LELIE.

Tu m'obliges par trop auec cette nouuelle :
Va, ie reconnoistray ce seruice fidelle ;
Mon drôle asseurément leur ioüera quelque trait :
Mais ie veux de ma part seconder son projet :
Il ne sera pas dit, qu'en vn fait qui me touche,
Ie ne me sois non plus remué qu'vne souche ;
Voicy l'heure, ils seront surpris à mon aspect,
Foin, que n'ay-ie auec moy pris mon porte respect,
Mais, vienne qui voudra contre nostre personne,
I'ay deux bons pistolets, & mon espée est bonne.
Hola, quelqu'vn, vn mot.

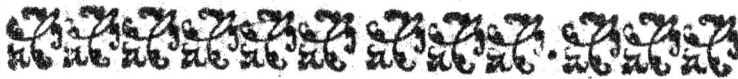

SCCNE VII.

LELIE , TRVFALDIN.

TRVFALDIN.

Qv'eſt-ce? qui me vient voir ?

LELIE.

Fermez ſoigneuſement voſtre porte ce ſoir.

TRVFALDIN.

Pourquoy ?

LELIE.

Certaines gens font vne maſcarade,
Pour vous venir donner vne fâcheuſe aubade ;
Ils veulent enleuer voſtre Celie.

TRVFALDIN.

O ! Dieux !

LELIE.

Et, ſans doute bien-toſt, ils viennent en ces lieux ;
Demeurez, vous pourrez voir tout de la feneſtre :
Et bien ? qu'auois-ie dit ? les voyez-vous paroiſtre?
Chut, ie veux à vos yeux leur en faire l'affront ,
Nous allons voir beau ieu , ſi la corde ne rompt.

SCENE VIII.

LELIE, TRVFALDIN, MASCARILLE *masqué.*

TRVFALDIN.

O! Les plaisans robins qui pensent me sur-
      prendre!

LELIE.

Masques, ou courez-vous? le pourroit-on apprédre?
Trufaldin, ouurez-leur pour ioüer vn momon;
Bon Dieu! qu'elle est iolie! & qu'elle a l'air mignon!
Et quoy! vous murmurez! mais, sans vous faire ou-
      trage,
Peut-on leuer le masque, & voir vostre visage?

TRVFALDIN.

Allez, fourbes méchans, retirez-vous d'icy,
Canaille; & vous, Seigneur, bon soir, & grád mercy.

LELIE.

Mascarille, est-ce toy?

MASCARILLE.

                    Nenny da, c'est quelqu'autre

LELIE.

Helas! quelle surprise! & quel sort est le nostre!
L'aurois-ie deuiné! n'estant point aduerty
Des secrettes raisons qui l'auoient trauesty!
Malheureux que ie suis, d'auoir dessous ce masque
Esté sans y penser te faire cette frasque!

Il me prendroit enuie, en ce iuste courroux,
De me battre moy-mesme, & me donner cent coups.

MASCARILLE.

Adieu, sublime esprit ; rare imaginatiue.

LELIE.

Las ! si de ton secours ta colere me priue,
A quel Sainct me voüeray-ie ?

MASCARILLE.

               Au grand diable d'Enfer.

LELIE

Ah ! si ton cœur pour moy n'est de bronze, ou de fer,
Qu'encore vn coup, du moins, mon imprudence ait
     grace,
S'il faut pour l'obtenir que tes genoux i'embrasse,
Voy moy......

MASCARILLE.

       Tarare, allons camarades , allons,
I'entends venir des gens qui sont sur nos talons.

SCENE IX.

LEANDRE masqué , & sa suitte, TRVFALDIN.

LEANDRE.

Sans bruit; ne faisons rien que de la bonne sorte.

TRVFALDIN.

Quoy ! masques toute nuit assiegeront ma porte!

Messieurs, ne gagnez point de rheumes à plaisir,
Tout cerueau qui le fait, est certes de loisir;
Il est vn peu trop tard pour enleuer Celie,
Dispensez-l'en ce soir, elle vous en suplie :
La belle est dans le lit, & ne peut vous parler ;
I'en suis fasché pour vous : Mais, pour vous régaler
Du soucy qui pour elle icy vous inquiette,
Elle vous fait present de cette cassollette.

LEANDRE.

Fy, cela sent mauuais, & ie suis tout gasté ;
Nous sommes découuerts, tirons de ce costé.

Fin du troisiéme Acte.

ACT

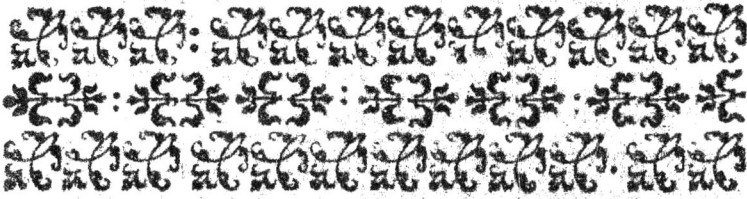

ACTE IV.

SCENE PREMIERE.

LELIE , MASCARILLE.

MASCARILLE.

Ous voila fagoté d'vne plaifante forte.

LELIE.

Tu ranimes par là mon efperance morte.

MASCARILLE.

Toufiours de ma colere on me voit reuenir ;
I'ay beau iurer, pefter, ie ne m'en puis tenir.

LELIE.

Auffi, croy, fi iamais ie fuis dans la puiffance,
Que tu feras content de ma reconnoiffance ;
Et , que, quand ie n'aurois qu'vn feul morceau de
pain......

MASCARILLE.

Bafte, fongez à vous, dans ce nouueau deffein ;
Au moins , fi l'on vous voit commettre vne fottife,
Vous n'imputerez plus l'erreur à la furprife,
Voftre rôle en ce ieu par cœur doit eftre fceu.

G

LELIE.

Mais comment Trufaldin chez luy t'a-t'il receu?

MASCARILLE.

D'vn zele simulé i'ay bridé le bon sire ;
Auec empressement ie suis venu luy dire,
S'il ne songeoit à luy, que l'on le surprendroit,
Que l'on couchoit en ioüe, & de plus d'vn endroit
Celle, dont il a veu, qu'vne lettre en aduance,
Auoit si faussement diuulgué la naissance ;
Qu'on auoit bien voulu m'y mesler quelque peu ;
Mais que i'auois tiré mon épingle du ieu :
Et que, touché d'ardeur pour ce qui le regarde,
Ie venois l'aduertir de se donner de garde.
De là, moralisant, i'ay fait de grands discours,
Sur les fourbes qu'on voit icy bas tous les iours ;
Que, pour moy, las du monde, & de sa vie infame,
Ie voulois trauailler au salut de mon ame ;
A m'esloigner du trouble, & pouuoir longuement,
Prés de quelque honneste homme estre paisiblemét ;
Que s'il le trouuoit bon, ie n'aurois d'autre enuie,
Que de passer chez luy le reste de ma vie ;
Et que mesme a tel poinct il m'auoit sçeu rauir,
Que sans luy demander gages pour le seruir,
Ie mettrois en ses mains, que ie tenois certaines,
Quelque bien de mon pere, & le fruit de mes peines,
Dont, aduenant que Dieu de ce monde m'ostast,
L'entendois tout de bon que luy seul heritast.
C'estoit le vray moyen d'acquerir sa tendresse,
Et, comme pour resoudre auec vostre maistresse,
Des biais qu'on doit prendre à terminer vos vœux,
Ie voulois en secret vous aboucher tous deux,
Luy-mesme a sçeu m'ouurir vne voye assez belle,
De pouuoir hautement vous loger auec elle,

Venant m'entretenir d'vn fils priué du iour ,
Dont cette nuict en songe il a veu le retour :
A ce propos , voicy l'histoire qu'il ma ditte ,
Et sur qui i'ay tantost nostre fourbe construitte.
LELIE.
C'est assez , ie sçais tout : tu me l'as dit deux fois.
MASCARILLE.
Ouy, ouy; mais, quand i'aurois passé iusques a trois,
Peut-estre encor qu'auec toute sa suffisance ,
Vostre esprit manquera dans quelque circonstance.
LELIE.
Mais , à tant differer ie me fais de l'effort.
MASCARILLE.
Ah ! de peur de tomber, ne courons pas si fort.
Voyez-vous ? vous auez la caboche vn peu dure ?
Rendez-vous affermy dessus cette aduanture.
Autrefois Trufaldin de Naples est sorty,
Et s'appelloit alors *Zanobio Ruberty* :
Vn party qui causa quelque esmeute ciuile ,
Dont il fut seulement soupçonné dans sa ville ,
De fait , il n'est pas homme à troubler vn Estat,
L'obligea d'en sortir vne nuit sans éclat.
Vne fille fort ieune , & sa femme laissées,
A quelque temps de là se trouuant trespassées,
Il en eut la nouuelle , & dans ce grand ennuy ,
Voulant dans quelque ville emmener auec luy ,
Outre ses biens , l'espoir qui restoit de sa race,
Vn sien fils Escollier , qui se nommoit Horace ;
Il écrit à Bologne, où pour mieux estre instruit,
Vn certain maistre Albert ieune l'auoit conduit ;
Mais pour se ioindre tous, le rédez-vous qu'il dône,
Durant deux ans entiers , ne luy fit voir personne :
Si bien, que les iugeant morts apres ce temps la,
Il vint en cette ville , & prit le nom qu'il a;

Sans que de cét Albert, ny de ce fils Horace,
Douze ans ayent découuert iamais la moindre trace,
Voila l'histoire en gros reditte seulement,
Afin de vous seruir icy de fondement.
Maintenant, vous serez vn Marchand d'Armenie,
Qui les aurez veu sains l'vn & l'autre en Turquie.
Si i'ay plutost qu'aucun, vn tel moyen trouué,
Pour les ressusciter sur ce qu'il a resué ;
C'est qu'en fait d'aduanture, il est tres-ordinaire,
De voir gés pris sur mer par quelque Turc Corsaire,
Puis estre à leur famille à poinct nommé rendus,
Apres quinze ou vingt ans qu'on les a crü perdus.
Pourmoy, i'ay veu desia cent contes de la sorte.
Sans nous alambiquer, seruõs nous-en, qu'importe ?
Vous leur aurez ouy leur disgrace conter ;
Et leur aurez fourny dequoy se racheter.
Mais que party plutost, pour chose necessaire,
Horace vous chargea de voir icy son pere,
Dont il a sceu le sort, & chez qui vous deuez
Attendre quelques iours qu'ils seróient arriuez ;
Ie vous ay fait tantost des leçons estenduës.

LELIE.

Ces repetitions ne font que superfluës.
Dés l'abord mon esprit a compris tout le fait.

MASCARILLE.

Ie m'en vais la dedans donner le premier trait.

LELIE.

Escoute Mascarille, vn seul poinct me chagrine,
S'il alloit de son fils me demander la mine ?

MASCARILLE.

Belle difficulté ! deuez-vous pas sçauoir
Qu'il estoit fort petit alors qu'il l'a pû voir ;
Et puis, outre cela, le temps & l'esclauage,
Pourroient-ils pas auoir changé tout son visage ?

LELIE.

Il eſt vray; mais dy moy , s'il connoit qu'il m'a veu,
Que faire ?

MASCARILLE.

De memoire eſtes-vous depoûrueu ?
Nous auons dit tantoſt, qu'outre que voſtre image
N'auoit dans ſon eſprit pû faire qu'vn paſſage,
Pour ne vous auoir veu que durant vn moment,
Et le poil & l'habit déguiſoient grandement.

LELIE.

Fort bien: mais, à propos, cét endroit de Turquie?..

MASCARILLE.

Tout, vous dis-ie, eſt égal , Turquie, ou Barbarie.

LELIE.

Mais, le nom de la ville ou i'auray pû les voir ?

MASCARILLE.

Thunis, Il me tiendra, ie croy iuſques au ſoir :
La repetition, dit-il, eſt inutile ,
Et i'ay deſia nommé douze fois cette ville.

LELIE.

Va, va-t'en commencer, il ne me faut plus rien.

MASCARILLE.

Au moins, ſoyez prudent, & vous conduiſez bien ;
Ne donnez point icy de l'imaginatiue.

LELIE.

Laiſſe moy gouuerner : que ton ame eſt craintiue!

MASCARILLE.

Horace dans Bologne Eſcolier ; Trufaldin
Zanobio Ruberty, dans Naples Citarlin ;
Le Precepteur Albert ......

LELIE.

Ah ! c'eſt me faire honte ;
Que de me tant preſcher, ſuis-ie vn ſot à ton conte ?

MASCARILLE.

Non pas du tout; mais bien quelque chofe aprochât.

LELIE *feul.*

Quand il m'eft inutile, il fait le chien couchant:
Mais, parce qu'il fent bien le fecours qu'il me dône,
Sa familiarité iufques là s'abandonne.
Ie vais eftre de prés.éclairé des beaux yeux,
Dont la force m'impofe vn ioug fi precieux ;
Ie m'en vais fans obftacle, auec des traits de flâme,
Peindre à cette beauté les tourmens de mon ame ;
Ie fçauray quel arreft ie doy..... mais les voicy.

SCENE II.

TRVFALDIN, LELIE, MASCARILLE.

TRVFALDIN.

Sois beny, iufte Ciel ! de mon fort adoucy.

MASCARILLE.

C'eft à vous de réuer, & de faire des fonges,
Puis qu'en vous, il eft faux, que fonges font men-
fonges.

TRVFALDIN.

Quelle grace, quels biens, vous rédiray-ie, Seigneur?
Vous, que ie dois nommer l'Ange de mon bon-heur.

LELIE.

Ce font foins fuperflus, & ie vous en difpenfe.

TRVFALDIN.

I'ay, ie ne ſçay pas ou, vû quelque reſſemblance
De cét Armenien.

MASCARILLE.

C'eſt ce que ie diſois;
Mais on voit des rapports admirables par fois.

TRVFALDIN.

Vous auez veu ce fils ou mon eſpoit ſe fonde ?

LELIE.

Ouy, Seigneur Trufaldin, le plus gaillard du mõde.

TRVFALDIN.

Il vous a dit ſa vie, & parlé fort de moy ?

LELIE.

Plus de dix mille fois·

MASCARILLE.

Quelque peu moins, ie croy.

LELIE.

Il vous a dépeint tel que ie vous voy paroiſtre,
Le viſage, le port. ...

TRVFALDIN.

Cela pourroit-il eſtre?
Si lors qu'il m'a pû voir il n'auoit que ſept ans ?
Et ſi ſon Precepteur, meſme depuis ce temps,
Auroit peine à pouuoir connoiſtre mon viſage?

MASCARILLE.

Le ſang, bien autrement, conſerue cette image;
Par des traits ſi profonds, ce portrait eſt tracé,
Que mon pere.....

TRVFALDIN.

Suffit. Ou l'auez-vous laiſſé ?

LELIE.

En Turquie, à Thurin.

G iiij

TRVFALDIN.

                 Turin ? mais cette ville
Est, ie pense, en Piedmont.

MASCARILLE.

              O ! cerueau mal-habile!
Vous ne l'entendez pas, il veut dire Thunis,
Et c'est en effet là qu'il laissa vostre fils :
Mais les Armeniens ont tous vne habitude,
Certain vice de langue à nous autre fort rude ;
C'est que dans tous les mots, ils changent nis en rin,
Et pour dire Thunis, ils prononcent Thurin.

TRVFALDIN.

Il falloit, pour l'entendre, auoir cette lumiere.
Quel moyen, vous dit-il, de rencontrer son pere ?

MASCARILLE.

Voyez s'il répondra. Ie te passois vn peu
Quelque leçon d'escrime ; autrefois en ce ieu
Il n'estoit point d'adresse à mon adresse égale,
Et i'ay battu le fer en mainte & mainte salle.

TRVFALDIN.

Ce n'est pas maintenant ce que ie veux sçauoir.
Quel autre nom, dit-il, que ie deuois auoir ?

MASCARILLE.

Ah ! Seigneur Zanobio Ruberty, quelle ioye
Est celle maintenant que le Ciel vous enuoye !

LELIE.

C'est là vostre vray nom, & l'autre est emprunté.

TRVFALDIN.

Mais, ou vous a-t'il dit qu'il receut la clarté ?

MASCARILLE.

Naples est vn sejour qui paroist agreable :
Mais, pour vous, ce doit estre vn lieu fort haïssable

TRVFALDIN.

Ne peux-tu fans parler, fouffrir noftre difcours?

LELIE.

Dans Naples fon deftin a commencé fon cours.

TRVFALDIN.

Ou l'enuoyay-ie ieune? & fous quelle conduitte?

MASCARILLE.

Ce pauure maiftre Albert a beaucoup de merite,
D'auoir depuis Bologne accompagné ce fils,
Qu'à fa difcretion vos foins auoient commis.

TRVFALDIN.

Ah!

MASCARILLE.

Nous fommes perdus, fi cét entretien dure.

TRVFALDIN.

Ie voudrois bien fçauoir de vous leur aduanture;
Sur quel vaiffeau le fort qui m'a fçeu trauailler......

MASCARILLE.

Ie ne fçay ce que c'eft, ie ne fay que baailler;
Mais, Seigneur Trufaldin, fongez-vous que peut-
eftre,
Ce monfieur l'eftranger a befoin de repaiftre?
Et qu'il eft tart auffi?

LELIE.

Pour moy, point de repas.

MASCARILLE.

Ah! vous auez plus faim que vous ne penfez pas.

TRVFALDIN.

Entrez donc.

LELIE.

Apres vous.

MASCARILLE.

Monfieur, en Armenie,
Les maiftres du logis font fans ceremonie.

Pauure efprit ! pas deux mots !

LELIE.

D'abord il m'a furpris ;
Mais n'aprehende plus, ie reprends mes efprits,
Et m'en vais debiter auecque hardieffe.....

MASCARILLE.

Voicy noftre riual qui ne fçait pas la piece.

SCENE III.

LEANDRE, ANSELME.

ANSELME.

ARreftez-vous, Leandre, & fouffrez vn difcours,
Qui cherche le repos & l'honneur de vos iours ;
Ie ne vous parle point en pere de ma fille,
En homme intereffé pour ma propre famille ;
Mais comme voftre pere ému pour voftre bien,
Sans vouloir vous flatter, & vous déguifer rien ;
Bref, côme ie voudrois, d'vne ame franche & pure,
Que l'on fift à mon fang, en pareille aduanture.
Sçauez-vous de quel œil chacun voit cét amour,
Qui dedans vne nuit vient d'éclater au iour ?
A combien de difcours, & de traits de rifée,
Voftre entreprife d'hier eft par tout expofée ?
Quel iugement on fait du choix capricieux,
Qui pour femme, dit-on, vous defigne en ces lieux
Vn rebut de l'Egypte, vne fille coureufe,
De qui le noble employ, n'eft qu'vn meftier de
gueufe ?

I'en ay rougy pour vous, encor plus que pour moy,
Qui me trouue compris dans l'éclat que ie voy,
Moy, dis-ie, donc la fille à vos ardeurs promise,
Ne peut fans quelque affront fouffrir qu'on la mé-
 prife.
Ah ! Leandre, fortez de cét abaiffement ;
Ouurez vn peu les yeux fur voftre aueuglement :
Si noftre efprit n'eft pas fage à toutes les heures,
Les plus courtes erreurs font toûjours les meilleures.
Quand on ne prend en dot que la feule beauté,
Le remords eft bien prés de la folemnité,
Et la plus belle femme a tres-peu de deffence,
Contre cette tiedeur qui fuit la ioüiffance :
Ie vous le dis encor, ces boüillans mouuements,
Ces ardeurs de ieuneffe, & ces emportemens,
Nous font trouuer d'abord quelques nuits agreables:
Mais ces felicitez ne font gueres durables,
Et noftre paffion allentiffant fon cours,
Apres ces bonnes nuits donnent de mauuais iours.
De là viennent les foins, les foucis, les miferes,
Les fils des-heritez par le courroux des peres.

LEANDRE.

Dans tout voftre difcours, ie n'ay rien écouté,
Que mon efprit defia ne m'ait reprefenté.
Ie fçay, combien ie dois, à cét honneur infigne,
Que vous me voulez faire, & dont ie fuis indigne;
Et vois, malgré l'effort dont ie fuis combattu,
Ce que vaut voftre fille, & quelle eft fa vertu:
Auffi veux-ie tafcher ....

ANSELME.

On ouure cette porte,
Retirons-nous plus loin, de crainte qu'il n'en forte
Quelque fecret poifon dont vous feriez furpris.

SCENE IV.

LELIE, MASCARILLE.

MASCARILLE.

Bien-toſt de noſtre fourbe on verra le debris
Si vous continuez des ſottiſes ſi grandes.

LELIE.

Dois-ie eternellement ouyr tes reprimandes ?
Dequoy te peux-tu plaindre ? ay-ie pas reüſſi
En tout ce que i'ay dit depuis......

MASCARILLE.

Couſſi, couſſi
Témoin les Turcs par vous appellez heretiques,
Et que vous aſſeurez, par ſerments authentiques,
Adorer pour leurs Dieux la Lune, & le Soleil.
Paſſe : ce qui me donne vn deſpit nompareil,
C'eſt, qu'icy voſtre amour étrangement s'oublie
Prés de Celie, il eſt ainſi que la boüillie,
Qui par vn trop grand feu s'enfle, croit iuſqu'
bords,
Et de tous les coſtez ſe répand au dehors.

LELIE.

Pourroit-on ſe forcer à plus de retenuë !
Ie ne l'ay preſque point encore entretenuë.

MASCARILLE.

Ouy, mais ce n'eſt pas tout que de ne parler pas
Par vos geſtes, durant vn moment de repas,

Vo

Vous auez aux foupçons donné plus de matiere,
Que d'autres ne feroient dans vne année entiere.

LELIE.

Et comment donc ?

MASCARILLE.

Comment ? chacun a pû le voir.
A table, ou Trufaldin l'oblige de fe feoir,
Vous n'auez toûjours fait qu'auoir les yeux fur elle;
Rouge, tout interdit, iouant de la prunelle,
Sans prendre iamais garde à ce qu'on vous feruoit,
Vous n'auiez point de foif qu'alors qu'elle beuuoit;
Et dans fes propres mains vous faififfant du verre,
Sans le vouloir rinfer, fans rien ietter à terre,
Vous beuuiez fur fon refte, & montriez d'affecter
Le cofté qu'à fa bouche elle auoit fceu porter.
Sur les morceaux touchez de fa main delicate,
Ou mordus de fes dents, vous eftendiez la patte
Plus brufquement qu'vn chat deffus vne fouris,
Et les aualiez tout ainfi que des pois gris.
Puis, outre tout cela, vous faifiez fous la table,
Vn bruit, vn triquetrac de pieds infuportable;
Dont Trufaldin heurté de deux coups trop preffás,
A puny par deux fois, deux chiens tres-innocens,
Qui, s'ils euffent ofé, vous euffent fait querelle:
Et, puis apres cela voftre conduitte eft belle ?
Pour moy, i'en ay fouffert la gefne fur mon corps;
Malgré le froid, ie fuë encor de mes efforts;
Attaché deffus vous, comme vn ioüeur de boule,
Apres le mouuement de la fienne qui roule,
Ie penfois retenir toutes vos actions,
En faifant de mon corps mille contorfions.

H

LELIE.

Mon Dieu! qu'il t'eſt aiſé de condamner des choſes,
Donc tu ne reſſens point les agreables cauſes!
Ie veux bien neantmoins, pour te plaire vne fois,
Faire force à l'amour qui m'impoſe des loix :
Deſormais.. ....

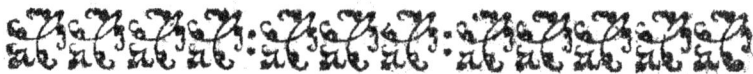

SCENE V.

LELIE, MASCARILLE. TRVFALDIN.

MASCARILLE.

Nous parlions des fortunes d'Horace.
TRVFALDIN.
C'eſt bien fait. Cependant meferez-vous la grace
Que ie puiſſe luy dire vn ſeul mot en ſecret?
LELIE.
Il faudroit autrement eſtre fort indiſcret.
TRVFALDIN.
Eſcoute, ſçais-tu bien ce que ie viens de faire?
MASCARILLE.
Non : mais ſi vous voulez ie ne tarderay guere,
Sans doute, à le ſçauoir.
TRVFALDIN.
                        D'vn cheſne grand & fort ,
Dont prés de deux cent ans ont fait deſia le ſort,

Ie viens de détacher vne branche admirable,
Choisie expressément, de grosseur raisonnable,
Dont i'ay fait sur le chấp auec beaucoup d'ardeur,
Vn baston à peu pres.... ouy, de cette grandeur ;
Moins gros par l'vn des bouts, mais plus que trente
 gaules
Propre, comme ie pense, à rosser les espaules ;
Car il est bien en main, vert, noüeux & massif.

MASCARILLE.

Mais, pour qui, ie vous prie, vn tel preparatif ?

TRVFALDIN.

Pour toy premierement, puis pour ce bon apostre,
Qui veut m'en donner d'vne, & m'en ioüer d'vn au-
Pour cét Armenien, ce Marchand déguisé,   (tre:
Introduit sous l'appas d'vn conte supposé.

MASCARILLE.

Quoy ? vous ne croyez pas ?......

TRVFALDIN.

            Ne cherche point d'excuse ;
Luy-mesme heureusement a découuert sa ruse,
Et disant à Celie, en luy serrant la main,
Que pour elle il venoit sous ce pretexte vain :
Il n'a pas a perceu Ieannette ma fillole,
Laquelle a tout ouy parole pour parole ;
Et ie ne doute point, quoy qu'il n'en ait rien dit,
Que tu ne sois de tout le complice maudit.

MASCARILLE.

Ah! vous me faittes tort! s'il faut qu'on vous affrôte ,
Croyez qu'il m'a trompé le premier à ce conte.

TRVFALDIN.

Veux-tu me faire voir que tu dis verité ?
Qu'à le chasser mon bras soit du tien assisté ;

Donnons-en à ce fourbe, & du long, & du large,
Et de tout crime apres mon esprit te décharge.

MASCARILLE.

Ouy-da, tres-volontiers, ie l'espousteray bien,
Et par là vous verrez que ie n'y trempe en rien.
Ah! vous serez rossé, monsieur de l'Armenie,
Qui tousiours gastez tout.

SCENE VI.

LELIE, TRVFALDIN.
MASCARILLE.

TRVFALDIN.

Vn mot, ie vous suplie,
Donc, monsieur l'imposteur, vous osez aujourd'huy
Dupper vn honneste homme, & vous ioüer de luy?

MASCARILLE.

Feindre auoir veu son fils en vne autre contrée!
Pour vous donner chez luy plus aisément entrée.
TRVFALDIN.
Vuidons, vuidons sur l'heure.
LELIE.
Ah coquin!

MASCARILLE.

C'eſt ainſi
Que les fourbes......

LELIE.
Bourreau !

MASCARILLE.

Sont aiuſtez icy.
Garde moy bien cela.

LELIE.
Quoy donc ? ie ferois homme....

MASCARILLE.
Tirez, tirez, vous dis-ie, ou bien ie vous aſſomme.

TRVFALDIN.
Voila qui me plaiſt fort ; rentre, ie ſuis content.

LELIE.

A moy ! par vn valet cét affront éclattant !
L'auroit-on pû preuoir l'action de ce traiſtre !
Qui vient inſolemment de mal-traitter ſon maiſtre.

MASCARILLE.
Peut-on vous demander comme va voſtre dos?

LELIE.
Quoy ? tu m'oſes encor tenir vn tel propos.

MASCARILLE.

Voila, voila que c'eſt, de ne voir pas Ieannette,
d'auoir en tout temps vne langue indiſcrette ;
mais pour cette fois cy, ie n'ay point de courroux,
laiſſe d'éclatter, de peſter contre vous ;
Quoy que de l'action l'imprudence ſoit haute,
Ma main ſur voſtre eſchine a laué voſtre faute,

H iij

LELIE.

Ah ! ie me vengeray de ce trait déloyal.
MASCARILLE.
Vous vous estes causé vous-mesme tout le mal.

LELIE.

Moy !

MASCARILLE.

Si vous n'estiez pas vne ceruelle folle,
Quand vous auez parlé n'aguere à vostre idole,
Vous auriez aperceu Ieannette sur vos pas,
Dont l'oreille subtile a découuert le cas.
LELIE.
On auroit pû surprendre vn mot dit à Celie !

MASCARILLE.

Et d'où doncques viendroit cette prompte sortie ?
Ouy, vous n'estes dehors que par vostre caquet ;
Ie ne sçay si souuent vous ioüez au piquet ;
Mais, au moins, faittes-vous des écarts admirables.
LELIE.
O ! le plus malheureux de tous les miserables !
Mais encore, pourquoy me voir chassé par toy ?

MASCARILLE.

Ie ne fis iamais mieux que d'en prendre l'employ ;
Par là, i'empesche au moins que de cét artifice,
Ie ne sois soupçonné d'estre autheur, ou complice.

LELIE.

Tu deuois donc, pour toy, frapper plus doucement.

MASCARILLE.

Quelque fot, Trufaldin l'orgnoit exactement,
Et puis ie vous diray, fous ce pretexte vtile,
Ie n'eftois point fasché d'éuaporer ma bile :
Enfin la chofe eft faitte, & fi i'ay voftre foy,
Qu'on ne vous verra point vouloir venger fur moy;
Soit, ou directement, ou par quelqu'autre voye,
Les coups fur voftre rable affenez auec ioye,
Ie vous promets aydé par le pofte où ie fuis,
De contenter vos vœux auant qu'il foit deux nuits.

LELIE.

Quoy que ton traittement ait eu trop de rudeffe,
Qu'eft-ce que deffus moy ne peut cette promeffe ?

MASCARILLE.
Vous le promettez donc ?

LELIE.
Ouy, ie te le promets.

MASCARILLE.
Ce n'eft pas encor tout, promettez que iamais
Vous ne vous mélerez dans quoy que i'entreprenne.

LELIE.
Soit.

MASCARILLE.

Si vous y manquez, voftre fiévre quartaine.

H iiij

LELIE.

Mais tiens moy donc parole, & songe à mon repos.
MASCARILLE.
Allez quitter l'habit, & graisser vostre dos.
LELIE.
Faut il que le malheur qui me suit à la trace,
Me fasse voir tousiours disgrace sur disgrace?

MASCARILLE.

Quoy! vous n'estes pas loin! sortez viste d'icy;
Mais, sur tout, gardez-vous de prédre aucun soucy:
Puis que ie fais pour vous, que cela vous suffise;
N'aydez point mõ projet de la moindre entreprise...
Demeurez en repos.
LELIE.
Ouy, va, ie m'y tiendray.

MASCARILLE.

Il faut voir maintenant quel biais ie prendray.

SCENE VII.

ERGASTE, MASCARILLE.

ERGASTE.

MAScarille, ie viens te dire vne nouuelle,
Qui donne à tes deſſeins vne atteinte cruelle ;
A l'heure que ie parle, vn ieune Egyptien,
Qui n'eſt pas noir pourtant, & ſent aſſez ſon bien,
Arriue accompagné d'vne vieille fort haue,
Et vient chez Trufadin rachetter cette eſclaue
Que vous vouliez. Pour elle, il paroiſt fort zelé.

MASCARILLE.

Sans doute, c'eſt l'amant dont Celie a parlé.
Fut-il iamais deſtin plus broüillé que le noſtre !
Sortant d'vn embarras, nous entrons dans vn autre.
En vain nous apprenons que Leandre eſt au poinct
De quitter la partie, & ne nous troubler point ;
Que ſon pere arriué contre toute eſperance,
Du coſté d'Hypolite emporte la balance ;
Qu'il a tout fait changer par ſon authorité,
Et va dés aujourd'huy conclurre le traitté ;
Lors qu'vn riual s'éloigne, vn autre plus funeſte
S'en vient nous enleuer tout l'eſpoir qui nous reſte:
Toutefois, par vn trait merueilleux de mon art,
Ie croy que ie pourray retarder leur depart,
Et me donner le temps qui ſera neceſſaire,
Pour tacher de finir cette fameuſe affaire.

Il s'est fait vn grand vol, par qui, l'on n'en sçait rien;
Eux autres rarement passent pour gens de bien :
Ie veux adroitement sur vn soupçon friuole,
Faire pour quelques iours emprisonner ce drole ;
Ie sçay des Officiers de iustice alterez,
Qui sont pour de tels coups de vrais deliberez :
Dessus l'auide espoir de quelque paraguante,
Il n'est rien que leur art aueuglement ne tente,
Et du plus innocent, tousiours à leur profit
La bource est criminelle, & paye son delit.

Fin du quatriéme Acte.

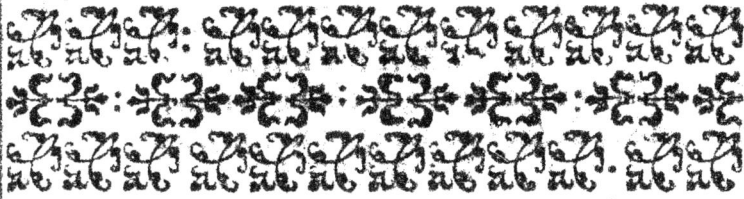

ACTE V.

SCENE PREMIERE.

MASCARILLE , ERGASTE.

MASCARILLE.

H chien ! ah double chien ! matine de
    ceruelle,
Ta perfecution fera-t'elle eternelle?

ERGASTE.

Par les foins vigilans de l'Exempt ba-
    lafré,
Ton affaire alloit bien , le drôle eftoit cofré,
Si ton maiftre au moment ne fut venu luy-mefme ,
En vray defefperé rompre ton ftratagefme :
Ie ne fçaurois fouffrir, a-t-il dit hautement,
Qu'vn honnefte homme foit traifné honteufement;
I'en répons fur fa mine, & ie le cautionne :
Et comme on refiftoit à lâcher fa perfonne ,
D'abord il a chargé fi bien fur les recorps ,
Qui font gens d'ordinaire à craindre pour leurs
    corps ,

Qu'à l'heure que ie parle ils sont encore en fuite,
Et pensent tous auoir vn Lelie à leur suite.

MASCARILLE.

Le traistre ne sçait pas que cét Egyptien,
Est desia là dedans pour luy rauir son bien.

ERGASTE.

Adieu, certaine affaire à te quitter m'oblige.

MASCARILLE.

Ouy, ie suis stupe fait de ce dernier prodige;
On diroit, & pour moy, i'en suis persuadé,
Que ce demon broüillon, dont il est possedé,
Se plaise à me brauer, & me l'aille conduire,
Partout ou sa presence est capable de nuire.
Pourtant, ie veux poursuiure, & malgré tous ces
     coups,
Voir qui l'emportera de ce diable, ou de nous:
Celie est quelque peu de nostre intelligence,
Et ne voit son depart qu'auecque repugnance;
Ie tasche à profiter de cette occasion:
Mais ils viennent; songeons à l'execution.
Cette maison meublée est en ma bien seance,
Ie puis en disposer auec grande licence;
Si le sort nous en dit, tout sera bien reglé,
Nul que moy ne s'y tient, & i'en garde la clé.
O! Dieu, qu'en peu de temps on a veu d'aduantures!
Et qu'vn fourbe est contraint de prendre de figures!

SCENE

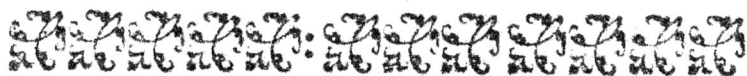

SCENE II.

CELIE, ANDRES.

ANDRES.

VOus le ſçauez, Celie, il n'eſt rien que mon cœur
N'ait fait, pour vous prouuer l'excez de ſon
    ardeur ;
Chez les Venitiens, dés vn aſſez icune âge,
La guerre en quelque eſtime auoit mis mõ courage,
Et i'y pouuois vn iour, ſans trop croire de moy,
pretendre en les ſeruant, vn honorable employ :
Lors qu'on me vit pour vous oublier toute choſe,
Et que le prompt effet d'vne methamorphoſe,
Qui ſuiuit de mon cœur le ſoudain changement,
Parmy vos compagnõs, ſçeut ranger voſtre Amant,
Sans que mille accidents, ny voſtre indifference,
Ayent pû me détacher de ma perſeuerence :
Depuis, par vn hazard, d'auec vous ſeparé,
Pour beaucoup plus de temps que ie n'euſſe auguré,
Ie n'ay pour vous rejoindre épargné téps ny peine :
Enfin, ayant trouué la vieille Egyptienne,
Et plain d'impatience, aprenant voſtre ſort,
Que pour certain argent qui leur importoit fort,
Et qui de tous vos gens détourna le naufrage,
Vous auiez en ces lieux eſté miſe en oſtage :
I'accours viſte y briſer ces chaînes d'intereſt,
Et reçeuoir de vous les ordres qu'il vous plaiſt :

I

Cependant on vous voit vne morne tristesse,
Alors que dans vos yeux doit briller l'allegresse ;
Si pour vous la retraitte auoit quelques appas ,
Venise , du butin fait parmy les combats ,
Me garde pour tous deux , dequoy pouuoir y viure.
Que si, comme deuant , il vous faut encore suiure ,
I'y consens , & mon cœur n'ambitionnera
Que d'estre auprés de vous tout ce qu'il vous plaira.

C E L I E.

Vostre zele , pour moy , visiblement éclate ;
Pour en paroistre triste , il faudroit estre ingrate ;
Et mon visage aussi par son émotion ,
N'explique point mon cœur en cette occasion ;
Vne douleur de teste y peint sa violence ,
Et , si i'auois sur vous quelque peu de puissance ,
Nostre voyage, au moins, pour trois ou quatre iours,
Attendroit que ce mal eust pris vn autre cours.

A N D R E S.

Autant que vous voudrez , faites qu'il se differe ,
Toutes mes volontez ne buttent qu'à vous plaire ;
Cherchons vne maison à vous mettre en repos ,
L'escriteau que voicy s'offre tout à propos.

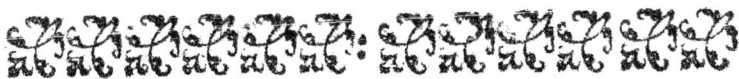

SCENE III.

MASCARILLE, CELIE, ANDRES.

ANDRES.

SEigneur Suiſſe, eſtes-vous de ce logis le maiſtre?
MASCARILLE.
Moy, pour ſerfir à fous.
ANDRES.
Pourrons-nous y bien eſtre?
MASCARILLE.
Ouy, moy pour d'eſtrancher chappon châpre garny,
Mais ché non point locher te gent te meſchant vy.
ANDRES.
Ie croy voſtre maiſon franche de tout ombrage.
MASCARILLE.
Fous nouuiau dant ſti fil, moy foir à la fiſſage.
ANDRES.
Ouy.

MASCARILLE.
La matame eſt-il mariage al montſieur?
ANDRES.
Quoy?

MASCARILLE.
S'il eſtre ſon fame, ou s'il eſtre ſon ſœur?
ANDRES.
Non.

I ij

MASCARILLE.

Mon foy, pien choly : finir pour marchandiſſe,
Ou pien pour temanter à la palais chouſtice ?
La procez, il fault rien , il couſter tant tarchant,
La procuraı larron , la focat pien meſchant.

ANDRES.

Ce n'eſt pas pour cela.

MASCARILLE.

Fous tonc mener ſti file,
Pour fenir pourmener, & recarter la file ?

ANDRES.

Il n'importe. Ie ſuis à vous dans vn moment,
Ie vay faire venir la vieille promptement,
Contremander auſſi noſtre voiture preſte.

MASCARILLE.

Ly ne porte pas pien ?

ANDRES.

Elle a mal à la teſte,

MASCARILLE.

Moy , chauoir de pon fin, & de fromage pon ;
Entre fous , entre fous , dans mon petit maiſſon.

SCENE IV.

LELIE, ANDRES.

LELIE.

QVelque foit le tranfport d'vne ame impatiente,
Ma parole m'engage a refter en attente ;
A laiffer faire vn autre, & voir fans rien ofer,
Comme de mes deftins le Ciel veut difpofer.
Demandiez-vous quelqu'vn dedans cette demeure?

ANDRES.

C'eft vn logis garny que i'ay pris tout à l'heure.
LELIE.
A mon pere pourtant, la maifon appartient,
Et mon valet la nuit, pour la garder s'y tient.
ANDRES.
Ie ne fçay, l'efcriteau marque au moins qu'on la
    louë :
Lifez.
LELIE.
        Certes, cecy me furprend, ie l'aduoüe ;
Qui diantre l'auroit mis ? & par quel intereft?.....
Ah ! ma foy, ie deuine à peu prés ce que c'eft :
Cela ne peut venir que de ce que i'augure.
ANDRES.
Peut-on vous demander quelle eft cette aduanture?
                I iij

LELIE.

Ie voudrois à tout autre en faire vn grand secret;
Mais, pour vous, il n'importe, & vous serez discret;
Sans doute, l'escriteau que vous voyez paroistre,
Comme ie coniecture, au moins ne sçauroit estre,
Que quelque inuention du valet que ie dy,
Que quelque nœud subtil qu'il doit auoir ourdy,
Pour mettre en mon pouuoir certaine Egyptienne,
Donc i'ay l'ame piquée, & qu'il faut que i'obtienne:
Ie l'ay desia manquée, & mesme plusieurs coups.

ANDRES.

Vous l'appellez ?

LELIE.
Celie.

ANDRES.

Hé ! que ne disiez-vous !
Vous n'auiez qu'à parler ; ie vous aurois sans doute,
Espargné tous les soins que ce projet vous couste.

LELIE.

Quoy? vous la connoissez ?

ANDRES.

C'est moy, qui maintenant
Viens de la racheter.

LELIE.

O! discours surprenant !

ANDRES.

Sa santé de partir ne nous pouuant permettre,
Au logis que voila ie venois de la mettre ;
Et ie suis tres-rauy dans cette occasion,
Que vous m'ayez instruit de vostre intention.

LELIE.

Quoy? i'obtiendrois de vous le bonheur que i'espere;
Vous pourriez ?......

ANDRES.

Tout à l'heure on va vous satisfaire.
LELIE.
Que pourray-ie vous dire? & quel remerciment?....
ANDRES.
Non, ne m'en faites point, ie n'en veux nullement.

SCENE V.

MASCARILLE, LELIE, ANDRES.

MASCARILLE.

ET bien! ne voila pas mon enragé de maiftre!
Il nous va faire encor quelque nouueau biffeftre.

LELIE.

Sous ce crotefque habit, qui l'auroit reconnu?
Aproche, Mafcarille, & fois le bien venu.
MASCARILLE.
Moy fouis ein chant honneur, moy non point Ma-
querille,
Chay point fentre chamais le fame ny le fille.
LELIE.
Le plaifant baragoüin! il eft bon, fur ma foy.
MASCARILLE.
Alle fous pourmener, fans toy rire te moy.

LELIE.

Va, va, leue le mafque, & reconnoy ton maiftre.

MASCARILLE.

Partieu, tiaple, mon foy iamais toy chay connoiftre.

LELIE.

Tout eft accommodé, ne te déguife point.

MASCARILLE.

Si toy point en aller, chay paille ein cou te point.

LELIE.

Ton iargon Allemand eft fuperflu, te dis-ie ;
Car nous fommes d'accord, & fa bonté m'oblige :
I'ay tout ce que mes vœux luy pouuoient demander,
Et tu n'as pas fujet de rien aprehender.

MASCARILLE.

Si vous eftes d'accord par vn bonheur extréme,
Ie me deffuiffe donc, & redeuiens moy-mefme.

ANDRES.

Ce valet vous feruoit auec beaucoup de feu ;
Mais ie reuiens à vous, demeurez quelque peu.

LELIE.

Et bien, que diras-tu ?

MASCARILLE.

Que i'ay l'ame rauie,
De voir d'vn beau fuccez noftre peine fuiuie.

LELIE.

Tu faignois à fortir de ton déguifement?
Et ne pouuois me croire en cét éuenement.

MASCARILLE.

Comme ie vous connois, i'eftois dans l'épouuante,
Et treuue l'auanture auffi fort furprenante.

LELIE.

Mais, confesse qu'enfin, c'eft auoir fait beaucoup;
Au moins, i'ay reparé mes fautes à ce coup,
Et i'auray cét honneur d'auoir finy l'ouurage.

MASCARILLE.

Soit, vous aurez efté bien plus heureux que fage.

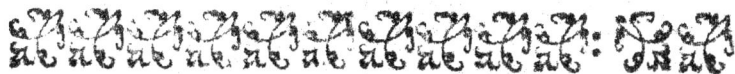

SCENE VI.

CELIE, MASCARILLE, LELIE, ANDRES.

ANDRES.

N'Eft-ce pas la l'objet dont vous m'auez parlé?

LELIE.

Ah ! quel bonheur au mien pourroit eftre égalé!

ANDRES.

Il eft vray, d'vn bien fait ie vous fuis redeuable,
Si ie ne l'auoüois, ie ferois condamnable :
Mais enfin, ce bien-fait auroit trop de rigueur,
S'il falloit le payer aux dépens de mon cœur ;
Iugez donc le tranfport où fa beauté me iette,
Si ie dois à ce prix vous acquiter ma dette ;
Vous eftes genereux, vous ne le voudriez pas,
Adieu pour quelques iours, retournons fur nos pas.

MASCARILLE.

Ie ris, & toutefois ie n'en ay guere enuie,
Vous voila bien d'accord, il vous donne Celie.
Et........Vous m'entendez bien.

LELIE.

　　　　　　C'est trop, ie ne veux plus
Te demander pour moy de secours superflus ;
Ie suis vn chien, vn traistre, vn bourreau detestable!
Indigne d'aucun soin, de rien faire incapable.
Va, cesse tes efforts pour vn malencontreux,
Qui ne sçauroit souffrir que l'on le rende heureux!
Apres tant de malheurs, apres mon imprudence,
Le trespas me doit seul prester son assistance.

MASCARILLE.

Voila le vray moyen d'acheuer son destin ;
Il ne luy manque plus que de mourir, enfin,
Pour le couronnement de toutes ses sottises ;
Mais en vain son dépit pour ses fautes commises,
Luy fait licencier mes soins & mon appuy ;
Ie veux, quoy qu'il en soit, le seruir malgré luy,
Et dessus son lutin obtenir la victoire :
Plus l'obstacle est puissant, plus on reçoit de gloire,
Et les difficultez dont on est combattu,
Sont les dames d'atour qui parent la vertu.

SCENE VII.

MASCARILLE, CELIE.

CELIE

QVoy que tu vueilles dire, & que l'on se propose,
De ce retardement i'attens fort peu de chose ;
Ce qu'on voit de succez peut bien persuader,
Qu'ils ne sont pas encor fort prés de s'accorder,
Et ie t'ay desia dit qu'vn cœur comme le nostre,
Ne voudroit pas pour l'vn faire iniustice à l'autre ;
Et que tres-fortement, par de differents nœuds,
Ie me trouue attachée au party de tous deux :
Si Lelie a pour luy l'amour & sa puissance,
Andres pour son partage a la reconnoissance,
Qui ne souffrira point que mes pensers secrets,
Consultent iamais rien contre ses interests :
Ouy, s'il ne peut auoir plus de place en mon ame,
Si le don de mon cœur ne couronne sa flâme,
Au moins, dois-ie ce prix à ce qu'il fait pour moy,
De n'en choisir point d'autre au mépris de sa foy,
Et de faire à mes vœux autant de violence,
Que i'en fais aux desirs qu'il met en éuidence :
Sus ces difficultez qu'oppose mon deuoir,
iuge ce que tu peux te permettre d'espoir.

MASCARILLE

Ce sont, à dire vray, de tres-fâcheux obstacles,
Et ie ne sçay point l'art de faire des miracles :

Mais ie vais employer mes efforts plus puissants,
Remuer terre & Ciel, m'y prendre de tout sens,
Pour tascher de trouuer vn biais salutaire ;
Et vous diray bien-tost ce qui se pourra faire.

SCENE VIII.

CELIE, HYPOLITE.

HYPOLITE.

DEpuis, vostre seiour, les Dames de ces lieux,
Se plaignent iustemét des larcins de vos yeux ;
Si vous leur dérobez leurs conquestes plus belles,
Et det ous leurs Amants faites des infidelles.
Il n'est guere de cœurs qui puissent échapper
Aux traits, dont à l'abord vous sçauez les frapper ;
Et mille libertez à vos chaînes offertes,
Semblent vous enrichir chaque iour de nos pertes ?
Quant à moy, toutefois ie ne me plaindrois pas,
Du pouuoir absolu de vos rares appas ;
Si lors que mes Amants sont deuenus les vostres,
Vn seul m'eust consolé de la perte des autres :
Mais qu'inhumainement vous me les ostiez tous,
C'est vn dur procedé, dont ie me plains à vous.

LELIE.

Voila d'vn air galand faire vne raillerie ;
Mais, épargnez vn peu celle qui vous en prie :

Vos

Vos yeux, vos propres yeux, se cõnoiffent trop bien,
Pour pouuoir de ma part redouter iamais rien ;
Ils font fort affeurez du pouuoir de leurs charmes,
Et ne prendront iamais de pareilles allarmes.

HYPOLITE.

Pourtant, en ce difcours ie n'ay rien auancé,
Qui dans tous les efprits ne foit défia paffé ;
Et , fans parler du refte , on fçait bien que Celie
A caufé des defirs à Leandre & Lelie.

CELIE.

Ie croy , qu'eftant tombez dans cét aueuglement ,
Vous vous confoleriez de leur perte aifément,
Et trouueriez pour vous l'amant peu fouhaitable,
Qui d'vn fi mauuais choix fe trouueroit capable.

HYPOLITE.

Au contraire, i'agis d'vn air tout different,
Et trouue en vos beautez vn merite fi grand ;
I'y voy tant de raifons capables de deffendre
L'inconftance de ceux qui s'en laiffent furprendre ,
Que ie ne puis blâmer la nouueauté des feux ,
Dont enuers moy Leandre a pariuré fes vœux ;
Et le vay voir tantoft , fans haine & fans colere,
Ramené fous mes loix par le pouuoir d'vn pere.

K

SCENE IX.

MASCARILLE, CELIE, HYPOLITE.

MASCARILLE.

GRande! grande nouuelle, & succez surprenant!
Que ma bouche vous vient annoncer maintenant.

CELIE.

Qu'est-ce donc?

MASCARILLE.

Escoutez, voicy sans flatterie......

CELIE.

Quoy?

MASCARILLE.

La fin d'vne vraye & pure Comedie;
La vieille Egyptienne à l'heure mesme......

CELIE.

Et bien?

MASCARILLE.

Passoit dedans la place, & ne songeoit à rien,
Alors qu'vne autre vieille assez defigurée,
L'ayant de prés, au nez, long-temps consideree;
Par vn bruit enroüé de mots iniurieux,
A donné le signal d'vn combat furieux :

Qui pour armes, pourtant, moufquets, dagues, ou
    fléches,
Ne faifoit voir en l'air que quatre griffes feches ;
Dont ces deux combattans s'efforçoient d'arracher,
Ce peu que fur leurs os les ans laiffent de chair :
On n'entend que ces mots, chienne, louue, bagace;
D'abord leurs fcoffions ont volé par la place,
Et laiffant voir à nud deux teftes fans cheueux,
Ont rendu le combat rifiblement affreux.
Andres, & Trufaldin, à l'éclat du murmure,
Ainfi que force monde, accourus d'aduanture,
Ont, à les décharpir, eu de la peine affez,
Tant leurs efprits eftoient par la fureur pouffez ;
Cependant que chacune apres cette tempefte,
Songe à cacher aux yeux la honte de fa tefte,
Et que l'on veut fçauoir qui caufoit cette humeur,
Celle qui la premiere auoit fait la rumeur,
Malgré la paffion dont elle eftoit émeuë,
Ayant fur Trufaldin tenu long-temps la veuë ;
C'eft vous, fi quelque erreur n'abufe icy mes yeux,
Qu'on m'a dit qui viuiez inconnu dans ces lieux,
A-t'elle dit tout haut, ô ! rencontre opportune!
Ouy, Seigneur Zanobio Ruberty, la fortune
Me fait vous reconnoiftre, & dâs le mefme inftant,
Que pour voftre interest ie me tourmentois tant :
Lors que Naples vous vit quitter voftre famille,
I'auois, vous le fçauez, en mes mains voftre fille,
Dont i'éleuois l'enfance, & qui par mille traits,
Faifoit voir dés quatre ans fa grace & fes attraits ;
Celle que vous voyez, cette infame forciere,
Dedans noftre maifon fe rendant familiere,
Me vola ce threfor. Helas ! de ce malheur
Voftre femme, ie croy, conçeut dant de douleur,
K ij

Que cela feruit fort pour auancer fa vie :
Si bien qu'entre mes mains cette fille rauie,
Me faifant redouter vn reproche fâcheux,
Ie vous fis annoncer la mort de toutes deux :
Mais il faut maintenant, puifque ie l'ay connuë,
Qu'elle faffe fçauoir ce qu'elle eft deuenuë ;
Au nom de Zanobio Ruberty , que fa voix,
Pendant tout ce recit repetoit plufieurs fois :
Andres , ayant changé quelque temps de vifage,
A Trufaldin furpris, a tenu ce langage.
Quoy donc ! le Ciel me fait trouuer heureufement,
Celuy que iufqu'icy i'ay cherché vainement !
Et que i'auois pû voir , fans pourtant reconnoiftre
La fource de mon fang , & l'autheur de mon eftre !
Ouy , mon pere , ie fuis Horace voftre fils,
D'Albert qui me gardoit les iours eftant finis ,
Me fentant naiftre au cœur d'autres inquietudes,
Ie fortis de Bologne , & quittant mes eftudes,
Portay durant fix ans mes pas en diuers lieux,
Selon que me pouffoit vn defir curieux ;
Pourtant, apres ce temps, vne fecrette enuie
Me preffa de reuoir les miens, & ma patrie ;
Mais dans Naples, helas ! ie ne vous trouuay plus,
Et n'y fçeus voftre fort que par des bruits confus :
Si bien, qu'à voftre quefte ayant perdu mes peines,
Venife pour vn temps borna mes courfes vaines ;
Et i'ay vefcu depuis , fans que de ma maifon ,
I'euffe d'autres clartez que d'en fçauoir le nom.
Ie vous laiffe à iuger, fi pendant ces affaires ,
Trufaldin reffentoit des tranfports ordinaires.
Enfin, pour retrancher ce que plus a loifir,
Vous aurez le moyen de vous faire éclaircir ,
Par la confeffion de voftre Egyptienne ,
Trufaldin maintenant vous reconnoift pour fienne ;

Andres eft voftre frere, & comme de fa fœur
Il ne peut plus fonger à fe voir poffeffeur,
Vne obligation qu'il pretend reconnoiftre,
A fait qu'il vous obtient pour époufe à mõ maiftre ;
Dont le pere témoin de tout l'euenement,
Donne à cette himenée vn plain confentement ;
Et pour mettre vne ioye entiere en fa famille,
Pour le nouuel Horace a propofé fa fille.
Voyez que d'incidens à la fois enfantez.

CELIE·

Ie demeure immobile à tant de nouueautez,

MASCARILLE.

Tous viennent fur mes pas, hors les deux cham-
    pionnes,
Qui du combat encor remettent leurs perfonnes :
Leandre eft de la troupe, & voftre pere auffi :
Moy, ie vais aduertir mon maiftre de cecy ;
Et que lors qu'à fes vœux on croit le plus d'obfta-
    cle,
Le Ciel en fa faueur produit comme vn miracle.

HYPOLITE.

Vn tel rauiffement rend mes efprits confus,
Que pour mon propre fort ie n'en aurois pas plus,
Mais les voicy venir.

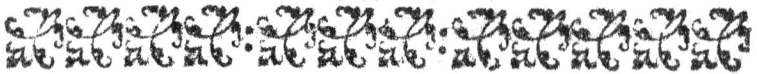

SCENE X.

TRVFALDIN, ANSELME, PANDOLFE, ANDRES, CELIE, HYPOLITE.

TRVFALDIN.

AH! ma fille.

CELIE.

Ah! mon pere.

TRVFALDIN.

Sçais-tu defia comment le Ciel nous est profpere ?

CELIE.

Ie viens d'entendre icy ce fuccez merueilleux.

HYPOLITE à *Leandre*.

En vain vous parleriez pour excufer vos feux ,
Si i'ay deuant les yeux ce que vous pouuez dire.

LEANDRES.

Vn genereux pardon eft ce que ie defire ;
Mais i'attefte les Cieux , qu'en ce retour foudain
Mon pere fait bien moins que mon propre deffein.

ANDRES à *Celie*.

Qui l'auroit iamais crû que cette ardeur fi pure ,
Peuft eftre condamnée vn iour par la nature ?

Toutefois, tant d'honneur la sçeut toufiours regir,
Qu'en y changeant fort peu, ie puis la retenir.

CELIE.

Pour moy, ie me blafmois, & croyois faire faute,
Quád ie n'auois pour vous qu'vne eftime tres-haute;
Ie ne pouuois fçauoir quel obftacle puiffant
M'arreftoit fur vn pas fi doux & fi gliffant,
Et deftournoit mon cœur del'adueu d'vne fflâme,
Que mes fens s'efforçoient d'introduire en mon ame.

TRVFALDIN.

Mais en te recouurant, que diras-tu de moy?
Si ie fonge auffi-toft à me priuer de toy?
Et t'engage à fon fils fous les loix d'himenée?

CELIE.

Que de vous maintenant dépend ma deftinée.

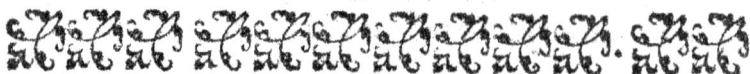

SCENE XI.

TRVFALDIN, MASCARILLE, LELIE, ANSELME, PANDOLFE, CELIE, ANDRES, HYPOLITE, LEANDRE.

MASCARILLE.

VOyons si voſtre diable aura bien le pouuoir
De détruire à ce coup vn ſi ſolide eſpoir ;
Et ſi contre l'excez du bien qui vous arriue,
Vous armerez encor voſtre imaginatiue.
Par vn coup impreueu des deſtins les plus doux,
Vos vœux ſont couronnez , & Celie eſt à vous.

LELIE.
Croiray-ie que du Ciel la puiſſance abſoluë?......

TRVFALDIN.
Ouy, mon gendre, il eſt vray.

PANDOLFE.
La choſe eſt reſoluë.

ANDRES.
Ie m'acquitte par là de ce que ie vous dois.

LELIE *à Maſcarille.*

Il faut que ie t'embraſſe & mille & mille fois ,
Dans cette ioye......

MASCARILLE.

Ahi, ahi, doucement, ie vous prie,
Il m'a presque estouffé, ie crains fort pour Celie.
Si vous la caressez auec tant de transport:
De vos embrassemens on se passeroit fort.

TRVFALDIN *à Lelie.*

Vous sçauez le bonheur que le Ciel me renuoye,
Mais puis qu'vn mesme iour nous met tous dans la
   ioye,
Ne nous separons point qu'il ne soit terminé,
Et que son pere aussi nous soit viste amené.

MASCARILLE.

Vous voila tous pourueus; n'est-il point quelque
   fille,
Qui pust accommoder le pauure Mascarille;
A voir chacun se ioindre à sa chacune icy,
I'ay des demangeaisons de mariage aussi.

ANSELME.

I'ay ton fait.

MASCARILLE.

Allons donc; & que les Cieux prosperes
Nous donnent des enfans dõt nous soyons les peres,

FIN.

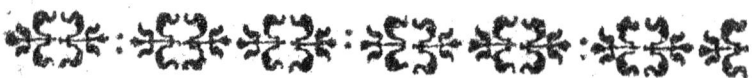

Extrait du Privilege du Roy.

PAr Grace & Priuilege du Roy, donné à Paris, le dernier iour de May 1660. Signé le IVGE; Il eſt permis au Sieur MO- LIER de faire imprimer vne Piece de Theatre par luy compoſée, intitulée *L'Eſtourdy, ou les Contretemps*, pendant l'eſpace de cinq années, à commencer du iour que ledit Liure ſera acheué d'impri- mer: Et deffences ſont faites à tous autres de l'imprimer, ainſi qu'il eſt porté plus amplement par ledit Priuilege.

Et ledit Sieur MOLIER a cedé & tranſporté ſon droiċt de Priuilege à CLAVDE BARBIN & GABRIEL QVINET, Marchands Libraires à Paris, pour en ioüir le temps porté par iceluy.

Acheué d'imprimer pour la premiere fois, le vingt & vn Nouembre 1662.

Regiſtré ſur le Liure de la Communauté, le 27. Octobre 1662.

Signé DVBRAY, Syndic.

Les Exemplaires ont eſté fournis.

www.ingramcontent.com/pod-product-compliance
Lightning Source LLC
Chambersburg PA
CBHW060559100426
42744CB00008B/1244